Klaus Honnef
A cura di Uta Grosenick

Pop Art

TASCHEN

Sommario

La Pop Art

L'inventore non amava riconoscere la paternità che gli veniva attribuita e, al contrario, se ne distanziava con prudenza. Non era stato lui a coniare quel nome, Pop Art. Per lo meno, non nel senso in cui il termine venne usato fin dall'annuncio della sua nascita, cinquant'anni prima. Pura modestia? Tendenza tipicamente britannica all'eufemismo? Il critico d'arte Lawrence Alloway, inglese di nascita ma newyorchese d'adozione, non tardò a rispondere a chi lo riteneva inventore del termine: "Tra l'altro, all'epoca, non davo alla parola Pop Art il significato che le si attribuisce oggi. La usavo, come del resto l'espressione 'pop culture', per qualificare i prodotti dei mass media e non le opere d'arte che davano voce agli elementi di questa 'cultura popolare'. Ad ogni modo, il termine divenne d'uso comune in un momento impreciso, tra l'inverno del 1954 e il 1957"[1]. Nel momento in cui Alloway faceva questa puntualizzazione – era il 1966 – la Pop Art si era da tempo affrancata dalle modeste esposizioni nelle accademie e nelle piccole gallerie private, per guadagnare il riconoscimento dell'arte contemporanea. Tutto questo, però, non succedeva in Inghilterra, dove pure fin dai primi anni '50, all'interno dell'Institute of Contemporary Art di Londra (ICA), era stato fondato l'Independent Group, che raccoglieva un manipolo di giovani architetti, scrittori, artisti e intellettuali sedotti dal colorito vocabolario dei mezzi di comunicazione di massa. Teatro del trionfo della Pop Art era stata l'America, terra in cui alcuni giovani artisti, all'oscuro dello sviluppo quasi parallelo della corrente inglese, integravano nel linguaggio castigato dell'arte lo slang della strada. L'America, dunque, o meglio New York, o, più precisamente ancora, Manhattan. Roy Lichtenstein, Claes Oldenburg, James Rosenquist, Tom Wesselmann, Andy Warhol: questi nomi affioravano con frequenza sulle labbra dei manierati intenditori d'arte, mentre i lavori di Robert Rauschenberg, Jasper Johns e Larry Rivers risvegliavano l'interesse dei più seri collezionisti privati. Le loro opere pittoriche e plastiche celebravano l'idioma della cultura dei grandi centri urbani, la pubblicità, il fumetto, la fotografia, il design, con uno sguardo in parte accondiscendente e in parte critico. Un vento triviale cominciava a soffiare sull'elitaria scena artistica della metropoli finanziaria americana. Il boom della Pop Art trasformò in poco tempo New York nella capitale dell'arte contemporanea, portandola a superare Parigi, che fino ad allora aveva dato il la al concerto dell'arte internazionale. Il destino di ogni nuovo artista si giocava, a quell'epoca, nelle gallerie e nei musei di Manhattan: era lì che questi sarebbe stato consacrato salendo alla ribalta mondiale, oppure avrebbe scoperto di doversi accontentare di uno strapuntino in sala. Inoltre, con grande disappunto delle numerose eminenze grigie degli Stati Uniti, la Pop Art divenne l'arte americana *tout court*.

In breve tempo, la nuova corrente si propagò dalla East coast all'Europa, dove, in particolare nell'ex Germania dell'Ovest, le nuove vie aperte dagli artisti americani furono

Jasper Johns
Painted Bronze *(Savarin Can)*, 1960
Bronzo dipinto, altezza 34 cm, Ø 20 cm
New York, The Museum of Modern Art,
promesso in donazione da Marie-Josée e
Henry R. Kravis

George Segal
Portrait of Sidney Janis with
Mondrian Painting, 1967
Tecnica mista, 177 x 143 x 69 cm
New York, The Museum of Modern Art,
Collezione Sidney e Harriet Janis

accolte con entusiasmo. Importanti collezionisti dell'allora Repubblica Federale Tedesca acquistarono intere collezioni o, tramite acquisti ripetuti, crearono ex novo le proprie, esponendole in rinomati musei davanti a un pubblico sbalordito. Ciò avveniva prima ancora che questa corrente insolita si imponesse nelle gallerie. Oltre a Colonia, furono due città della provincia culturale, Aquisgrana e Darmstadt, a consacrare queste opere straordinarie. Alcuni artisti tedeschi, fiutando la novità, si lasciarono sedurre dall'impertinente freschezza della Pop Art. Nel 1968, la Documenta 4 sancì il successo di opere pittoriche dai colori vivaci e dalle forme semplici e di oggetti realizzati con materiali ordinari. Kassel, modesta città dell'Assia settentrionale, vicina alla linea di demarcazione tra Est e Ovest, giunse allora a eclissare Venezia e la sua Biennale, più antica di qualche anno, affermando come piattaforma di lancio internazionale delle tendenze inedite e promettenti dell'arte contemporanea. Da quell'epoca, nulla è cambiato: la più ricca collezione di Pop Art si trova nei musei europei. È, certamente, dispersa in vari paesi, ma resta unita sotto l'ala protettrice di due collezionisti: Peter e Irene Ludwig.

L'entusiasmo che il "pop" ha sollevato, fin dalla sua apparizione in piccole esposizioni, non è mai più calato; meglio ancora: ha continuato a crescere. La Pop Art appassiona tuttora il pubblico giovane, anche se spesso le si rimprovera di essersi allontanata dal proprio universo proiettandosi in una dimensione classica. Un artista come Andy Warhol è diventato un'icona del pop e ha raggiunto con naturalezza la vetta dell'Olimpo, prendendo posto a fianco dei grandi della musica e del cinema. Non senza motivo: col senno di poi, infatti, l'artista viene ritenuto il maggior rappresentante della Pop Art, colui che ne ha spinto la logica fino ai limiti estremi. Eppure, la sua popolarità non smette di stupire, anche se nessuno contesta seriamente il posto che si è guadagnato nell'arte. Nessun altro pittore – ad eccezione forse di Picasso – ha acquisito lo statuto di

Larry Rivers
Friendship of America and France
(Kennedy and de Gaulle), 1961/62
Olio su tela, 130 x 194 x 11 cm
Per gentile concessione della Marlborough Gallery Inc., New York

star, riservato quasi esclusivamente ai musicisti. Ma, tra i due, almeno uno è riuscito a gettare un ponte tra l'opera d'arte ambiziosa e la popolarità internazionale.

Fin dall'inizio, le nuove strade battute da alcuni artisti britannici e americani hanno dato luogo a errori di interpretazione. Questi artisti, pur scagliandosi decisamente contro alcuni dei luoghi comuni sull'arte, ne riaffermavano altri con una fermezza ancora maggiore: come spesso si ricorda, non avevano la minima intenzione di avventurarsi al di fuori del terreno delimitato dalla triade artista-collezionista-museo. Ma, del resto, l'idea comune dell'arte non era più caratterizzata dal rigore intransigente di un tempo. L'arte stessa aveva un suo ruolo in questo processo, poiché aveva elevato lo strappo alla regola al rango di atto sistematico. Inoltre, la storia dei suoi sviluppi recenti è tracciata dagli storiografi come una rivolta permanente contro l'ordine artistico stabilito, contro schemi superati incarnati dai numerosi "ismi".

Negli ultimi tre decenni del XIX secolo, l'arte accademica parigina fu scossa da una fioritura di opere innovative, i cui impulsi emancipatori si comunicarono ai paesi vicini. A questa successione apparentemente infinita di creazioni originali fu dato il nome di Avanguardia: una definizione che conferiva a tutti questi movimenti un certo grado di affinità. Nonostante alcuni artisti avessero in seguito chiesto a gran voce che il termine, usato ormai in ogni occasione, fosse restituito all'arte militare da cui era stato tratto, la parola sembra ancora oggi indicare con sufficiente precisione l'idea che l'arte aveva di se stessa, considerandosi moderna e cosciente. La sua evoluzione si presenta così come una catena infinita di rivoluzioni, chiamate Impressionismo, Divisionismo, Simbolismo, Espressionismo, Fauvismo, Cubismo, Costruttivismo, Dadaismo e Surrealismo, per arrivare all'Espressionismo astratto e all'Arte informale, precursori diretti della Pop Art.

Con un'abilità e una minuzia notevoli, i critici e i teorici dell'arte passarono al setaccio le diverse correnti per metterne in luce le caratteristiche specifiche, che facevano passare per particolarità stilistiche. Ma costoro, nelle proprie analisi, hanno spesso ignorato le affinità subliminali esistenti tra i movimenti ponendo così le fondamenta di una visione dell'arte che prende in considerazione soltanto le apparenze e le caratteristiche più marcate. Sotto molti punti di vista, i controsensi e i malintesi sono stati fedeli compagni di strada di queste correnti artistiche. Tuttavia, paradossalmente, l'effetto di queste ultime ne uscì amplificato. I giudizi polemici sull'Avanguardia, in particolare, ebbero un'importanza capitale. Lungi dall'essere tutti aberranti, alcuni tra questi si sono rivelati estremamente fecondi. Ad esempio, i termini Impressionismo e Cubismo, che in origine avevano una connotazione sprezzante, sono passati nell'uso comune non per caso, ma poiché descrivevano con efficacia un cambiamento radicale e visivamente sorprendente. Anche la presente introduzione arricchirà, inevitabilmente, la lista degli errori reali o supposti.

Il dilemma ha origine nelle opere d'arte stesse e ne costituisce il maggior pregio; infatti, al contrario di quanto si afferma di solito, la loro particolarità è l'ambivalenza, una forma di equivoco che permette alle opere di superare i propri limiti temporali. Non bisogna però confondere equivoco e arbitrarietà. Le opere d'arte sarebbero arbitrarie se fornissero una risposta a tutti i quesiti possibili e immaginabili. Esse, al contrario, cambiano secondo il punto di vista di chi le osserva e conservano intatta la propria validità col passare del tempo. Alcuni vi riconoscono il carattere dell'assoluto. Robert Rauschenberg, considerato uno dei precursori della Pop Art, dichiarò di non avere mai visto – stando a quello che si dice – una scultura più bella dell'orinatoio di Marcel Duchamp denominato *Fontaine*. Chiaramente, questa affermazione deformava in maniera radicale l'intento di Duchamp, il quale, proponendo l'opera a un'esposizione – il secondo "Armory Show" di New York nel 1917 – voleva presentare un oggetto ordinario per provocare una reazione da parte dell'osservatore. La sua ambizione era quella di sostituire all'arte del piacere visivo, da lui chiamato "retinale", un'arte dell'intelletto. Non era l'oggetto in sé a interessarlo, quanto piuttosto lo slancio dello spirito che lo esaltava in un contesto insolito. In seguito all'errore interpretativo di Rauschenberg, l'artista francese naturalizzato americano entrò seduta stante nella genealogia della Pop Art, come se avesse concentra-

Robert Rauschenberg
Dylaby, 1962
Tecnica mista, 278,1 x 221 x 38,1 cm
Collezione privata

Edward Kienholz
The Portable War Memorial, 1968
Tecnica mista, 2,85 x 9,50 x 2,40 m
Colonia, Museum Ludwig

to tutta la propria attenzione sull'universo quotidiano, mentre il suo scopo era quello di distruggere tutto ciò che avesse a che fare con l'arte. Duchamp non ha mai protestato per una simile incomprensione. Dato che niente prova l'esistenza della *Fontaine*, almeno nella sua versione originale, e la direzione della mostra, che rifiutò di vedere l'oggetto, fu forse vittima di una voce lanciata dallo stesso Duchamp, non si esita a fare di lui il padre del Concettualismo.

La nascita dell'Avanguardia procedette di pari passo con lo sviluppo di una stampa moderna e influente: un fatto che non ha nulla di fortuito e che ebbe come conseguenza principale l'emergere della professione di critico d'arte. Per diventare critici, non occorreva più essere artisti, né avere una formazione o un talento specifici. L'acerrima rivalità tra critici d'arte per l'imposizione del proprio punto di vista sulle riviste e sui quotidiani, sempre più numerosi, influì sull'opinione pubblica, di cui divenne la voce e la rappresentante "ufficiale". Il terreno era stato preparato da una trasformazione radicale della sfera pubblica: il testimone era passato alla borghesia dall'aristocrazia. Se fino ad allora i rapporti sociali erano stati gestiti in base alle ferree regole dell'*ancien regime*, a partire da quel momento il dibattito tra cittadini uguali di fronte alla legge avrebbe dominato il

clima socio-culturale. Nonostante i membri l'Avanguardia non abbiano voluto – o potuto – abbracciare le idee artistiche della borghesia, agivano sullo stesso terreno culturale
e, paradossalmente, più cercavano di spezzarne le presunte catene, più le consolidavano.

I grandi artisti si sono sempre espressi con semplicità e chiarezza a proposito delle
proprie opere e delle idee che in esse si concretizzavano, ma di rado hanno trovato
ascolto. Coloro che si erano autonominati esegeti, e che presto si spacciarono per esper-
ti, esponevano le intenzioni originali degli artisti in modo sempre più complicato, più
enigmatico e carico di significato rispetto alle spiegazioni che ne davano gli artefici. In
questo modo, le accese discussioni sulle correnti dominanti raddoppiarono di intensità,
catturando l'attenzione necessaria per diventare oggetti di dibattito pubblico. Gli artisti
confutarono i controsensi più eclatanti, ma in generale rinunciarono a spingere oltre le
proprie recriminazioni quando si resero conto del vantaggio che tali giudizi comporta-
vano. Anche gli artisti sanno essere pragmatici.

Lawrence Alloway era un critico d'arte – di professione, s'intende – ma difese comunque la Pop Art dalle conclusioni errate e dalle interpretazioni dubbie: "Si è stabilito,
a volte per scherzo e altre volte con estrema serietà, un legame tra la Pop Art e la comu-

Andy Warhol
Brillo, Del Monte and Heinz Boxes, 1964
Serigrafia su legno, 44 x 43 x 36 cm;
33 x 41 x 30 cm; 21 x 40 x 26 cm
Collezione privata

nicazione di massa: per il semplice fatto che gli artisti pop ne inseriscono alcuni elementi nelle proprie opere, è stata vista come la fonte stessa di quest'arte. Una posizione evidentemente assurda"². Il suo commento si riferisce agli artisti britannici, i quali, sfruttando un repertorio pressoché inutilizzato attinto dall'immaginario della cultura commerciale, lo piegarono a una percezione soggettiva, imponendogli delle mutazioni di ordine estetico. Al contrario, il commento di Alloway vale con riserva solo per gli artisti americani, e comunque non per tutti. Ciò nonostante, il critico britannico solleva un problema fondamentale. Tutto dipende, però, dal punto di vista che viene assunto: la Pop Art è semplicemente una tendenza che si evolve all'interno del sistema di regole dell'arte moderna o è qualcosa di più, un movimento che manda in frantumi il quadro del Modernismo aprendo le porte a una nuova espressione artistica sorretta da una concezione altrettanto nuova? In altre parole: la Pop Art è una delle numerose varianti dell'arte moderna, che ha allargato senza sosta il proprio campo a settori dell'esistenza umana ancora poco sfruttati, oppure rappresenta una rottura rispetto alla tendenza avanguardista e, pertanto, si configura come una ripresa più o meno cosciente di quei concetti artistici contro i quali l'Avanguardia si era un tempo scagliata?

La domanda è solo apparentemente semplice: delle due, l'una. Eppure, sarebbe ingenuo supporre che la prassi artistica permetta di rispondere alla questione con una chiarezza assoluta. Il problema non si è mai posto in termini così netti, né per gli artisti né per i contemporanei. Ecco perché, per quanto riguarda la Pop Art, la risposta può essere soltanto: entrambe le cose allo stesso tempo. Tanto più che, pur avendo opinioni divergenti su altri aspetti, la maggior parte degli artisti e dei critici sedotti dal nuovo idioma concordava nell'affermare che la Pop Art si fondeva senza problemi con l'immagine dell'Avanguardia: quest'ultima non era forse, a sua volta, caratterizzata da salti astrusi e clamorose contraddizioni?

Lucy R. Lippard, apologeta di un'arte che utilizza l'iconografia triviale e commerciale tratta dal fumetto, dalle foto dei giornali, dalle immagini di star del grande schermo, dalla pittura di scenografie cinematografiche, dai prodotti alimentari in confezioni di cartone o plastica, sosteneva che "la Pop Art è più vicina alla 'post-painterly abstraction' di Ellsworth Kelly o di Kenneth Noland che al Realismo contemporaneo. Quando il pop fece la sua comparsa in Inghilterra, in America e in Europa, il grande pubblico reagì con stupore e indignazione, mentre una buona parte degli artisti e dei critici si mostrarono delusi, poiché avevano sperato che l'Espressionismo astratto (…) avrebbe lasciato il posto a un nuovo umanesimo, annunciato come la 'New Image of Man' in America e la 'Nuova Figurazione' in Europa. Certo, l'essere umano appare qua e là nella pittura pop, ma per dare sistematicamente l'impressione di un robot telecomandato dall'indice dei consumatori o di una parodia ipersentimentale dell'ideale. Per altri osservatori, una riflessione così critica e arida ha qualcosa di innovativo"³.

Questa citazione merita la nostra attenzione per due ragioni. Innanzitutto, Lucy R. Lippard è dell'idea che la Pop Art sia più affine all'arte astratta di Kelly e Noland che alle forme artistiche convenzionali, come per esempio il Realismo. In secondo luogo, definisce in maniera interessante l'atteggiamento dell'opinione pubblica di fronte alla Pop Art: il rifiuto. Dimentica purtroppo di indicarne le ragioni. Resta comunque sorprendente che la maggior parte delle persone abbia visibilmente rifiutato il pop, soprattutto se pensiamo che il vocabolario e i materiali di cui fa uso, ossia gli oggetti quotidiani, erano necessariamente familiari alla massa. Come spiegarlo? I quadri e le sculture pop andavano contro la loro idea di arte perché a questa veniva normalmente associata una sensazione di elevazione psicologica, o magari perché l'arte d'Avanguardia influiva da lungo tempo sulla loro sensibilità estetica scontrandosi in maniera violenta con la Pop Art?

In accordo con la visione evolutiva e progressista dell'arte che allora era considerata definitiva, e di cui l'Avanguardia sembrava essere la divulgatrice, l'arte moderna imboccò quasi automaticamente la via dell'Astrattismo. Per questo, la critica cercò di catalogare la Pop Art sotto l'egida di quest'ultima, per non comprometterne lo status di arte "progressista". È sintomatico che abbia separato in modo netto la Pop Art dal Realismo ma non dall'attrazione potenziale esercitata dai media commerciali che hanno fornito al pop la materia, i soggetti e spesso anche la modalità di rappresentazione. La ragione è semplice: se le manifestazioni eterogenee e spesso controverse dell'Avanguardia hanno un denominatore comune, questo è senz'altro la profonda ostilità verso qualunque forma di realismo. Al tempo in cui Lucy R. Lippard proponeva la sua analisi, una di queste forme era ancora viva sul piano politico: si tratta del "Realismo socialista", una dottrina che fece molti adepti. Era l'epoca in cui l'Unione Sovietica e i paesi satelliti rappresentavano ancora una minaccia per il mondo capitalista, l'epoca in cui la Guerra Fredda proiettava la propria ombra anche sulla scena artistica.

Beninteso, gli artisti non esitarono a proclamarsi parte dell'Avanguardia. In molti avevano tentato, senza troppo successo, la via dell'Espressionismo astratto della terza generazione e tutti avevano ricevuto una formazione artistica. Tra questi si trovava l'americano Jim Dine. I suoi legami con la Pop Art erano piuttosto deboli, nonostante ricorresse a motivi comuni come cravatte riprodotte in dimensioni gigantesche, ma molti lo annoveravano tra gli artisti pop. Dine spiegò la propria concezione in occasione di un'intervista relativa ai suoi rapporti ambigui con un'arte ancorata a temi popolari: "Non ho un'opinione ben definita in merito. Non mi dedico esclusivamente all'iconografia popolare, che mi interessa solo in quanto parte del mio ambiente. Sono convinto che, in ogni tempo, abbiamo avuto tutti coscienza di questo ambiente, così come dell'ambiente, del vocabolario e del lessico artistici". Poi, per prevenire qualsiasi conclusione affrettata, aggiungeva: "Non credo che si sia prodotta una frattura violenta che ha portato alla sostituzione di una nuova corrente all'Espressionismo astratto". Roy Lichtenstein, americano come Dine, si è servito del potente linguaggio visivo dei fumetti, ma ha negato ogni affinità artistica con i loro autori, attribuendo la propria ispirazione alle forme speri-

Allan Kaprow
Prove dell'happening "Car Crash"
di Jim Dine, 1960

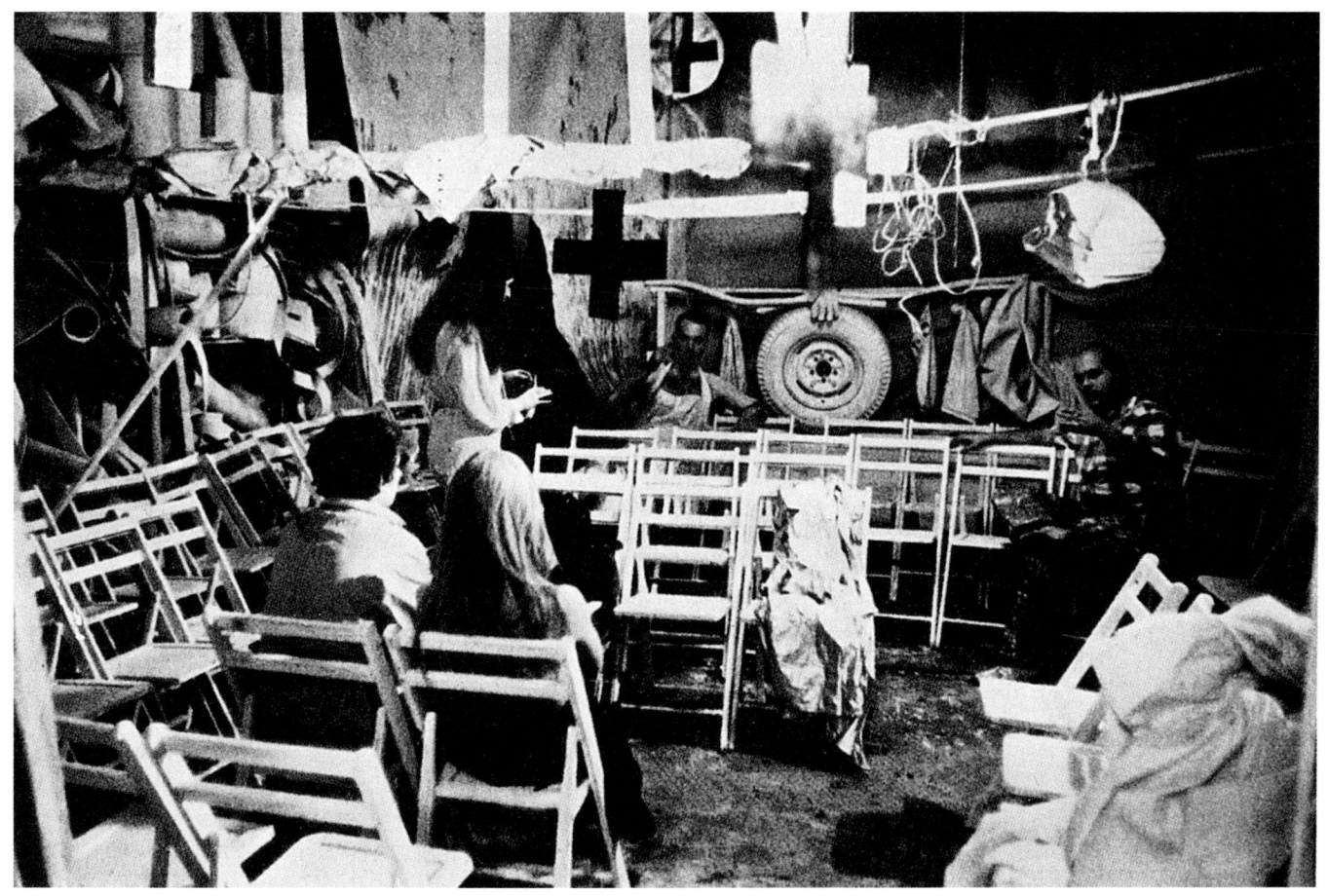

Claes Oldenburg
Bedroom Ensemble, Replica I, 1969
Installazione, 303 x 512 x 648 cm
Francoforte, Museum für Moderne Kunst

mentali: "Pensavo agli happening di Oldenburg, Dine, Whitman e Kaprow. Conoscevo bene Kaprow, eravamo stati colleghi a Rutgers. I pochi happening a cui avevo assistito sembravano avere come argomento principale l'evoluzione industriale in America. Mi hanno spinto a pormi una serie di domande relative all'oggetto e alle pratiche commerciali". Andy Warhol, che si era dedicato molto presto a un processo di fabbricazione in serie, la serigrafia, era il solo a non mostrare questo atteggiamento di difesa. Affermava, infatti, senza mezzi termini: "Sarebbe magnifico se si usasse più spesso la stampa serigrafica, così nessuno potrebbe dire se un quadro è veramente mio o di qualcun altro". All'obiezione che simili pratiche avrebbero ribaltato l'intera storia dell'arte, si limitava ad annuire con un laconico "È vero".

I tre artisti citati rappresentano diverse forme della Pop Art: Lucy R. Lippard, tuttavia, cita solamente Lichtenstein e Warhol come facenti parte dello zoccolo duro del movimento, escludendo Dine, la cui ricerca è meno lineare: "Anche se spesso è stato catalogato tra gli esponenti del pop, tutto nelle sue opere e nelle sue dichiarazioni mostra che è lontano anni luce dall'iconoclastia e dall'interesse per la forma tipici della Pop Art".

Nell'insieme, i commenti della maggior parte degli artisti corroborano le conclusioni di Alloway, di Lippard e della maggioranza degli interpreti, per i quali la Pop Art rappresenta solo uno dei numerosi volti dell'arte contemporanea. Il pop, come suggerisce Warhol, non avrebbe mai sconvolto in profondità la riflessione dell'arte moderna sulla propria natura. Per questo appaiono ancora più stupefacenti gli attacchi che, di tanto in tanto, gli venivano lanciati da critici qualificati, conosciuti per essere stati gli araldi coraggiosi e bene informati dell'Avanguardia. Una tavola rotonda tenuta a New York, che riuniva i pesi massimi della critica e della storia dell'arte, fornisce un chiaro esempio di quanto succedeva all'epoca.

Il 13 settembre 1962, il Museum of Modern Art organizzò senza una motivazione apparente un simposio sulla Pop Art. Nessuna esposizione, nessuna acquisizione recente giustificava una simile manifestazione. Con il passare del tempo, il MoMA aveva conquistato una solida reputazione sulla scena internazionale ed era diventato il museo-faro dell'Avanguardia grazie a una collezione unica e ad alcune mostre innovative. Il momento scelto, tuttavia, lasciava stupefatti perché la Pop Art non sembrava interessare nessuno tranne le piccole gallerie della 10a Strada, a Manhattan, per giunta nemmeno le più rinomate. Il concetto di Pop Art non era certo più conosciuto e doveva far fronte alla concorrenza di altre correnti, quali il Neo-Dada, il New Sign Painting e il New American Dream. Il Dipartimento di pittura e scultura del MoMA possedeva in tutto sei opere pop. I due responsabili del dipartimento, il leggendario Alfred Barr jr, ex direttore del museo, e Dorothy C. Miller, addirittura non ritennero necessario presenziare alla manifestazione, che, però, sarebbe stata ricca di conseguenze, e non solo per il museo della 46a Strada.

Non si può dire che i sostenitori della Pop Art abbiano preso d'assalto il luogo. La loro partecipazione, infatti, si riduceva a una sola persona: Henry Geldzahler, un giovane assistente curatore del Metropolitan Museum of Art. Peter Selz, organizzatore dell'evento e responsabile delle esposizioni del MoMA, non nascose il proprio scetticismo nei confronti della Pop Art. Gli altri partecipanti si divisero in due correnti: i prudenti, che si trincerarono in un atteggiamento di attesa, e i vendicativi, che mostrarono un'accesa ostilità verso la pratica estetica degli artisti pop. A questo proposito, Hilton Kramer, critico di punta del *New York Times* e conservatore vecchio stampo, fu molto esplicito: l'organizzazione di un simposio era già di per sé una presa di posizione in favore della Pop Art.

Detto questo, il dibattito che infuriava poteva essere riassunto nella seguente domanda: il pop è arte? Dove per arte si intendeva unicamente l'arte moderna, ossia l'Avanguardia. Questa specifica modalità era definita, con un giudizio pressoché unanime, come affrancata dalla rappresentazione, in altre parole come arte non figurativa. Ciò implicava che l'arte, ed essa soltanto, stabilisse i criteri di ogni espressione artistica. Lo sguardo sulla realtà doveva essere rifiutato e qualunque tentativo di rielaborare le impressioni del reale sul piano estetico era caduco, sorpassato e deviava nella non-arte. Nell'opera di un artista degno di tale nome, la realtà esterna non doveva trovare posto. Selz rimproverava a Lichtenstein di riportare "quasi letteralmente"[4] su tela immagini derivate dai fumetti; da parte sua, Stanley Kunitz, poeta, critico e premio Pulitzer, screditava Andy Warhol e le sue riproduzioni delle scatolette di zuppa Campbell's perché realizzate utilizzando un processo meccanico, senza l'aiuto della matita. Geldzahler fece notare che Lichtenstein, almeno, aveva "trasformato" le proprie fonti, ma la sua obiezione suscitò solo motteggi e risate. Dore Ashton, storica dell'arte e nota autrice di testi critici, gli rispose, mordace, che si era certamente dovuto armare di lente di ingrandimento per riuscire a notare questo aspetto.

Agli occhi degli eminenti oppositori, quello che mancava alla Pop Art era lo slancio rivoluzionario, nel senso artistico del termine. Kunitz riteneva che "i disegni, gli slogan e gli espedienti derivavano direttamente dalla fortezza della società borghese, dal bastione in cui si formavano le immagini e i bisogni dell'uomo-massa". Selz gli fece eco affermando che gli artisti pop rappresentavano "lo spirito del conformismo della borghesia". Hilton Kramer spiegò con perspicacia perché la Pop Art fosse accolta con scetticismo: "non si distingue in alcun modo dall'arte pubblicitaria". In definitiva, entrambe avrebbero come finalità concreta il desiderio di "avvicinarci al mondo dei beni di consumo, alla banalità e alla volgarità". Come reazione a una simile previsione, concepiva solamente la resistenza attiva.

All'assemblea era presente anche un nume tutelare della storia dell'arte: Clement Greenberg. È a questo critico colto, brillante e perspicace che l'arte astratta americana deve la sua sostanza teorica, oltre che la rinomanza internazionale. L'influenza di questa personalità non diminuì con il declino dell'Espressionismo astratto: tutto ciò che diceva

Andy Warhol
Dick Tracy, 1960
Caseina e gessi colorati su tela,
122 x 86 cm
Collezione privata

e scriveva godeva ancora di un credito enorme, anche se non aveva più valore di legge. Greenberg aveva pubblicato, nel 1939, la prima edizione di un testo canonico più volte ristampato, "Avantgarde und Kitsch"[5], nel quale aveva messo a punto un'impalcatura intellettuale che proponeva un'arte purificata da qualunque accessorio extra-artistico. Ciò che Greenberg aveva cesellato e giustificato con cura e pertinenza era stato ripreso dagli oppositori della Pop Art in forma semplificata. Tuttavia, il fatto che, a oltre mezzo secolo dalla pubblicazione, le sue tesi non abbiano perduto nulla del loro valore, non è dovuto tanto alla loro pertinenza, quanto al fatto che la Pop Art le ha inserite nel museo della teoria dell'arte. Il motivo è il seguente: la Pop Art ha certamente fatto piazza pulita della definizione di arte fornita da Greenberg, ma è a partire dal suo schema che hanno preso forma tutte le innovazioni sul piano plastico. Ciò che a prima vista sembra un paradosso, non lo è quando si analizzano i campi che il pop ha categoricamente escluso dalla propria definizione.

Greenberg aveva proiettato in maniera volutamente polemica la nozione di kitsch sugli aspetti visivi della cultura di massa: "Contemporaneamente all'Avanguardia, un secondo fenomeno culturale completamente inedito aveva visto la luce nel mondo occidentale industrializzato, ossia quello che i tedeschi hanno battezzato con il meraviglioso nome di 'kitsch': l'arte e la letteratura popolari, commerciali, con le loro riproduzioni in quadricromia, le immagini di titoli di riviste, le illustrazioni, gli annunci pubblicitari, i romanzetti leggeri, i fumetti, la musica da varietà, il tip tap, i film hollywoodiani, eccetera. Per qualche recondito motivo, questo fenomeno straordinario è sempre stato considerato normale. È giunto il momento di interrogarsi una volta per tutte sulla ragione della sua esistenza". Le categorie inserite nella lista nera di Greenberg, con poche eccezioni, costituiscono la fonte privilegiata della Pop Art.

Il "marchio di Caino" della cultura popolare è sempre stato il suo carattere commerciale. Greenberg conveniva che il pop avrebbe potuto esercitare un certo fascino anche su artisti esigenti: "I guadagni che si fanno con il kitsch sono per l'Avanguardia una tentazione a cui alcuni artisti non hanno potuto resistere. (...) Ma il risultato va sempre a scapito della vera cultura". Nonostante le idee di sinistra che sosteneva nel momento in cui pubblicava il saggio, Greenberg non rinunciava a utilizzare come una clava l'argomento della morale contro un'arte attraente. Secondo lui, l'artista o lo scrittore d'Avanguardia sincero e indifferente agli affari aveva il merito "di conservare l'alto livello della propria arte erigendolo a espressione di un assoluto, in cui il relativo o il contraddittorio scompaiono o diventano accessori, ritornando così all'assoluto. Con la comparsa dell'arte per l'arte e della 'poesia pura', si sono fuggiti come la peste la tematica e il contenuto".

Greenberg amava simili aforismi estetici, illuminati da squarci filosofici radicati nell'Idealismo tedesco. Non si trattava, però, di una mania personale: affermazioni di questo genere sono rimaste, in forme variabili, tra i capisaldi dell'arte occidentale fino allo sbocciare della Pop Art. Che le prospettive estetiche siano state sorrette da un impianto teorico rigido come quello di Greenberg, oppure dall'idea che l'arte moderna sia un motore d'innovazione permanente, in grado di suscitare esperienze inedite e singolari, non conta molto. Le opinioni, di fatto, erano concordi: "la principale fonte di ispirazione di Picasso, Braque, Mondrian, Miró, Kandinsky, Brancusi e anche di Klee, Matisse e Cézanne era il medium con il quale si esprimevano. La loro arte è appassionante proprio perché si dedica esclusivamente all'esplorazione e all'organizzazione di spazi, superfici, forme, colori, e così via, eliminando tutto ciò che non è racchiuso in questi elementi".

Non si può dire che gli artisti pop abbiano disdegnato lo spazio, la superficie, la forma e il colore, però cercavano, almeno all'inizio, di sbloccare una prospettiva costantemente imperniata su se stessa, di ridare vitalità a un'arte troppo confinata ed ermetica per mezzo di una boccata di ossigeno presa dalla strada. Non era la prima volta che una corrente stilistica prendeva le mosse dai dettagli della vita comune. L'arte, molto prima di liberarsi dalle catene della finalità e della funzione per diventare semplicemente e unicamente arte, aveva già sbirciato fuori dalla cornice del quadro e gettato uno sguardo

Steve Schapiro
Andy Warhol dirige un film alla Factory, New York 1965

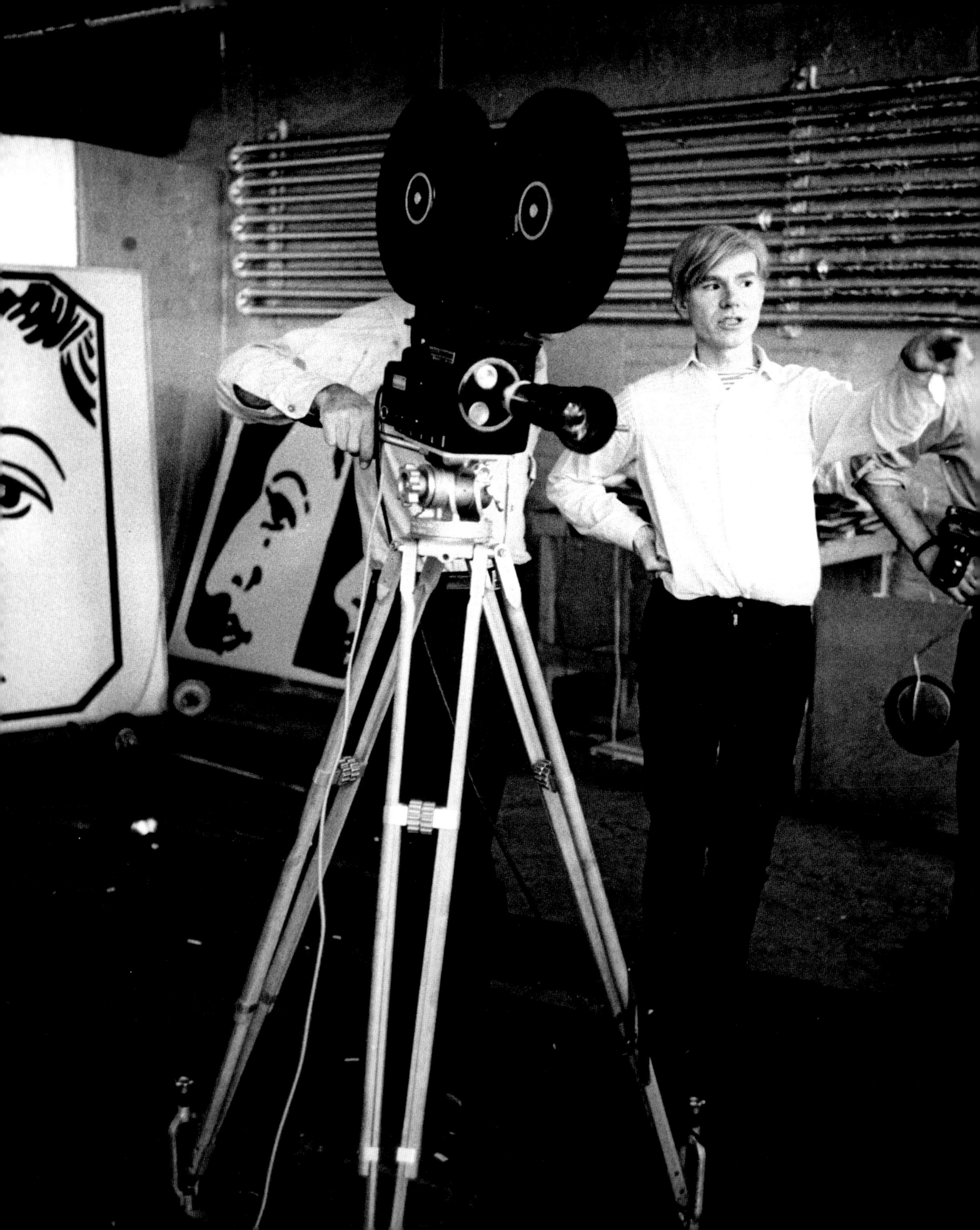

sulle manifestazioni del visibile e dell'invisibile. Con alterne vicende: quando era al servizio della Chiesa e dell'aristocrazia, ne celebrava i rapporti con Dio e con il mondo terreno; in seguito passò a incarnare la visione del mondo e il sistema dei valori della borghesia. L'arte moderna deve l'idea che ha di sé alla certezza di essersi emancipata da queste costrizioni, anche se alcuni dei suoi detrattori considerano un'interpretazione del genere solamente un tentativo di giustificazione e affermano che l'arte è stata sollevata dai propri obblighi passati perché nuovi metodi di espressione tecnici, come la fotografia o il cinema, oppure commerciali, come la pubblicità, le illustrazioni o i fumetti, potevano sostituirla con risultati più efficaci. Almeno una cosa, comunque, è sicura: dall'apparizione di un "secondo fenomeno culturale totalmente inedito" (Greenberg) e dalla sua diffusione su vasta scala, l'arte si è imposta come un fenomeno culturale autonomo, la cui eventuale implicazione nel contesto della realtà visibile e verificabile resta ancora fortemente mediata.

Chiunque cerchi nella storia dell'arte moderna un punto di fuga per la Pop Art atterra automaticamente nei pressi del Dadaismo e di Duchamp. I paralleli si stabiliscono da soli. Il cosmo delle immagini commerciali attraversa già a sprazzi, sotto forma di pezzi di carta intelligentemente assemblati, sia i collage di Raoul Hausmann e Hannah Höch che quelli di George Grosz e John Heartfield. Max Ernst crea il proprio universo fantastico a partire dalle illustrazioni popolari. Colla e forbici sostituiscono pennello e colori, mentre le illustrazioni diventano il mezzo dell'arte. Il dadaista tedesco Kurt Schwitters costruì nel proprio appartamento di Hannover una casa composta da rottami eterocliti, che battezzò appunto *Merz*, "merce". Chiaramente il Dadaismo prendeva di mira l'arte borghese, soprattutto quella legata al buon gusto e alla cultura. I fautori del movimento lo consideravano un "pugno in faccia" alla borghesia. Se il Dadaismo fece tabula rasa dello stile di vita e della cultura borghese, la situazione culturale da cui ha preso le mosse la Pop Art può considerarsi simile?

Esisteva senz'altro una grande differenza, sia sul piano politico sia su quello economico. Ciò che stupisce nelle opere più raguardevoli del pop, d'altronde, è l'assenza della politica. Perfino la critica agli eccessi della società capitalista restava isolata e sporadica. Gli artisti pop non minavano in alcun modo i fondamenti del consenso sociale; nel migliore dei casi mettevano in luce i meccanismi nascosti della società. D'altra parte, anche i cubisti avevano scoperto l'universo della cultura di massa e aggiungevano pezzi di giornale ai loro primi *papiers collés*. Nel suo quadro *Odol* (1924), il pittore americano Stuart Davis aveva dipinto il flacone di un prodotto contro l'alito pesante. Si potrebbe allungare la lista dei potenziali precursori della Pop Art senza bisogno di includervi uno di questi realisti poco amati. In America, l'idea di promuovere l'anarchia non sarebbe mai venuta a un artista pop. Solo il cinema underground, al quale Warhol contribuì con alcune opere notevoli, proclamava apertamente la rivolta estetica e denunciava le convenzioni delle pellicole narrative e dei film artistici.

Nella produzione degli artisti britannici predominava un'attrazione per l'iconografia chiassosa dei prodotti di largo consumo e della cultura commerciale. Questa caratteristica può essere spiegata con facilità: l'America degli anni '50 e '60 era in piena espansione economica e il consumo delle famiglie raggiungeva cifre record. Non si poteva dire lo stesso della Gran Bretagna, paese in cui l'economia si stava riprendendo con grande lentezza dagli strascichi della seconda guerra mondiale e in cui il miglioramento delle condizioni di vita era addirittura più timido che in Germania, il paese dei vinti. Quando la pubblicità e i sogni hollywoodiani ricominciarono a illuminare le strade di Londra, gli artisti non rimasero insensibili al loro fascino.

La cultura di consumo e le sue immagini provocanti sucitavano sentimenti ambivalenti in Richard Hamilton, che aveva lavorato per Duchamp e riprodotto alcune delle sue opere. Il suo collage *Just what is it that makes today's homes so different, so appealing?* (1966) profetizza splendidamente gli sviluppi successivi della Pop Art rappresentando una stanza stracolma di mobili, in cui si ammucchiano le figure stereotipate dell'iconografia popolare. Realizzato per il catalogo dell'esposizione "This is Tomorrow" tenuta alla Whitechapel Gallery di Londra nel 1956, il collage non era destinato a essere esposto, ma fu riproposto sul manifesto della mostra.

"This is Tomorrow" non era una manifestazione sulla Pop Art – era ancora troppo presto – ma trasmise al movimento un impulso decisivo. L'evento consisteva in dodici personali in cui gli espositori, soprattutto architetti e urbanisti, presentavano altrettanti ambienti creati con la massima libertà. Le esibizioni suscitavano interesse nella misura in cui si proponevano di attirare l'attenzione sulla realtà visiva del cosiddetto mondo civilizzato: "Il risultato fu stupefacente: il ventaglio delle proposte spaziava da padiglioni puramente architettonici alle merci vendute nei supermercati, passando per un chiassoso assemblaggio da fiera di paese. L'effetto fu incredibile" (Richard Hamilton). La mostra svolse una funzione fondamentale: quella di aprire gli occhi rivelando orizzonti sconosciuti che preludevano a nuovi sviluppi artistici. Inoltre, "This is Tomorrow" lasciava intravedere l'importanza crescente che andavano assumendo le esposizioni nel circuito dell'arte, di cui sarebbero diventate il perno, riunendo le iniziative isolate per dare vita a tendenze autonome.

"A mio parere – dichiarava Hamilton – non si trattava tanto di trovare nuove forme artistiche, quanto di verificarne il valore sul campo. Noi ci opponiamo a chiunque cerchi per prima cosa di creare un nuovo stile. Confutiamo l'opinione secondo la quale il 'domani' potrebbe essere espresso tramite enunciati formali rigidi. Il 'domani' non può fare altro che estendere il raggio di azione delle nostre attuali esperienze visive. Non abbiamo bisogno di una definizione dell'opera di valore, bensì dello sviluppo del nostro potenziale percettivo, che ci permetta di accettare e mettere a frutto l'arricchimento permanente del materiale visivo. I quadri realizzati dopo il 1956 rappresentano il tentativo di assimilare questi aspetti nel modo più eclettico e onnicomprensivo possibile".

Rispondendo agli stimoli visivi della cultura urbana di massa, Hamilton non metteva in discussione il primato dell'arte. La sua intenzione era di indurre la cosiddetta arte "nobile" ad approfittare di un capitale ancora largamente inutilizzato, che lui chiamava "materiale", e di iniettarle una buona dose di cellule nuove provenienti dall'immaginario della pubblicità, del cinema e della televisione per restituirle l'energia vitale che sembrava perdere a poco a poco. Così facendo, Hamilton, al pari di chiunque condividesse le sue idee, distruggeva la definizione di Avanguardia ereditata da Greenberg, l'oggetto della cui riflessione era la capacità effettiva dei mezzi artistici. "Se l'Avanguardia imita i procedimenti dell'arte, allora il kitsch (…) ne imita gli effetti", aveva decretato Greenberg. Qualunque contatto con la cultura commerciale avrebbe contaminato ineluttabilmente la purezza dell'intenzione artistica, provocandole danni irreparabili.

Eppure, Hamilton ebbe il coraggio di fare solo un piccolo passo più in là di Francis Bacon. Il pittore aveva integrato i suoi lavori con quadri fissi tratti dal capolavoro di Eisenstein *La corazzata Potëmkin* (1925) e alcune fotografie di figure in movimento scattate da Eadweard Muybridge, trasformandole ma senza nasconderne l'origine. Il suo metodo di lavoro aveva destato una forte impressione negli ambienti artistici. Hamilton procedeva in maniera diversa rispetto a Bacon: non interveniva a livello della struttura del materiale fotografico, ma creava, attraverso la selezione di frammenti specifici, una realtà diversa da quella dell'originale. *My Marilyn* (1964) è una raccolta di foto di Marilyn Monroe in bikini su una spiaggia, che riproduce una sequenza di contatti. L'artista ha colorato parzialmente alcuni fotogrammi e li ha modificati con procedimenti meccanici e manuali che li rendono estranianti. In altri quadri, le fonti fotografiche sono trattate in maniera assolutamente pittorica e assumono forme morbide e delicate simili a quelle delle pubblicità di cosmetici. Ciò nonostante, Hamilton mantiene sempre le distanze rispetto agli stereotipi iconografici, alle immagini della cultura di consumo.

Sono in particolare i critici europei ad attribuire alla Pop Art britannica un atteggiamento critico verso l'universo iconografico industrializzato dei mass media. In realtà, la maggioranza delle opere è ben lungi dal giustificare un'affermazione di questo tipo. Se è vero che Peter Blake, Richard Smith, Derek Boshier, Patrick Caulfield, David Hockney, Allen Jones e Peter Phillips tematizzavano le forme visive della cultura popolare con

Stuart Davis
Odol, 1924
Olio su tela, 60,9 x 45,6 cm
New York, The Museum of Modern Art

un'intensità, un'intenzione e un'estensione variabili, e che Eduardo Paolozzi, non esattamente un artista pop, incarnava la produzione fantastica della civiltà moderna nei suoi robot variopinti, è altrettanto vero che tutti questi artisti fondevano i motivi presi in prestito dall'idioma commerciale in un linguaggio soggettivo, ma rinunciavano a confezionare l'enunciato in una scrittura espressiva. Il loro era un gesto neutro e privo di emozione, quasi astratto e come di seconda mano. Per il tocco impersonale e prefabbricato della modalità di rappresentazione, si situavano nel solco degli artisti centrali della Pop Art americana: Oldenburg, Lichtenstein, Rosenquist, Wesselmann e Warhol.

Il quadro di Peter Blake *On the Balcony* (1955–57) allinea l'arsenale completo delle immagini prodotte in serie: copertine di *Life* e di *Weekly Illustrated*, cartoline artistiche dai colori vividi, foto di star della musica pop, una sfilata della famiglia reale al gran completo, una foto di Winston Churchill in compagnia del re e della regina, una caricatura. Blake mette sullo stesso piano diversi riferimenti all'arte, tra cui una riproduzione del *Balcone* di Manet (1868). Sono presenti anche oggetti di uso quotidiano: una bottiglia mezza vuota di acqua minerale o di limonata, un panetto di margarina, un giornale e altri ancora. La provocazione risiede proprio nell'accostamento di immagini disparate. Tutto è reso con una cura meticolosa e il risultato è un quadro di estrema finezza estetica, un collage dipinto, e, se si vuole, l'astuto rovesciamento di una tecnica "progressista" in un esempio di pittura magistrale.

Richard Smith, che in quel tempo si trasferì negli Stati Uniti, riprese le tematiche cardinali della cultura di consumo per creare un'arte astratta. I pacchetti di sigarette e gli imballaggi destinati al trasporto dei generi alimentari industriali gli fornirono l'ispirazione per giganteschi quadri illusionistici che non fanno alcuna allusione diretta al vocabolario visivo dei mass media. A volte, sceglie per i propri dipinti un formato in grado di conferire loro, una volta steso il colore, l'aspetto di oggetti tridimensionali.

La pittura di Derek Boshier è ancora semi-espressiva e conserva una nota ironica. Nel suo *First Tooth Paste Painting* (1962), l'artista ha dipinto orizzontalmente, su un fondo completamente blu, un tubetto di dentifricio sul quale appare una figura, presumibilmente un personaggio maschile, nell'atto di eseguire movimenti repentini. A destra, il dentifricio a righe bianche e rosso vivo si stende su uno spazzolino verde. Come Blake, Boshier è un pittore eccellente e appare poco probabile che abbia deciso di sacrificare le qualità del proprio mezzo espressivo, vale a dire la pittura, sull'altare dell'iconografia commerciale. Le sue opere "potrebbero essere definite come visioni di utopie negative. Le scoperte tecnologiche e i modelli prefabbricati consumano o annegano il singolo individuo" (Tilman Osterwold). Smith, molto amico di Boshier, va addirittura oltre: i suoi quadri sono sicuramente "commenti sulla società", ma "espressi in termini comici e un po' folli. Per dirla con le parole di Billy Wilder, essere presi troppo sul serio è ancora peggio che non esserlo affatto".

Allen Jones, dal canto suo, attirò su di sé le critiche dei movimenti femministi. Questi ultimi, all'epoca in pieno sviluppo, erano, come il pop sul piano culturale e l'elezione di John F. Kennedy su quello politico, il segno evidente che una breccia si era aperta nelle strutture tradizionali della società occidentale. L'esaltazione enfatica e quasi feticista da parte del pittore dei seni, delle natiche e delle gambe delle sue modelle fu bollata come sessista. Con il passare del tempo, l'ossessione di Jones si fece addirittura più intensa e venne espressa attraverso la creazione di mobili erotici: manichini modellati in maniera realista diventavano tavoli o sedie. Un pernicioso e corrosivo invito ad abusarne. Detto questo, l'artista non metteva in alcun modo in discussione il sistema abituale dell'arte, si limitava a ridurlo a mal partito fino ai limiti del possibile. Confutava l'idea che la sua ispirazione venisse dalle manifestazioni dell'universo commerciale: "Una testa con una cravatta sotto" è un "simbolo totemico fallico", che non fa parte di una "iconografia popolare".

Anche l'universo pittorico di David Hockney è dominato da ossessioni e visioni personali. Lo stile grafico, di una semplicità apparentemente infantile, conferisce ai suoi quadri un'atmosfera di candida innocenza, mentre la luce, spesso chiara, crea un effetto surreale. Geldzahler, l'amico di cui eseguì alcuni ritratti, come per esempio *Henry Geldzahler and Christopher Scott* (1969), mette in dubbio le affinità del pittore con la Pop Art. Le ragioni che avanza lasciano stupefatti: la sua opera, dice, sarebbe stata ricondotta con troppa insistenza al mondo contemporaneo. "Le fonti e i modelli di Hockney sono certamente i poeti George Herbert e Andrew Marvell o artisti come Degas e Toulouse-Lautrec, piuttosto che i titoli a caratteri cubitali dell'attualità. Nella sua estetica, la curiosità e l'intellettualismo lasciano poco spazio ai fatti che ci aggrediscono e ci invadono come parassiti"[6]. A eccezione di alcune opere giovanili, Hockney non ha mai dipinto quadri veramente pop. *Tea Painting in an Illusionistic Style* (1961) è uno di questi, un minuscolo *shaped canvas* concepito come una scatola da tè per giganti.

Tra i pittori della sua generazione, Peter Phillips è l'unico a essersi votato incondizionatamente allo spirito e all'espressione della cultura commerciale. Insieme a Boshier, Jones e Hockney, rappresenta contemporaneamente la terza ondata della Pop Art inglese e la sua seconda tendenza figurativa, la cui via era stata aperta dallo stimato Hamilton. Nei suoi quadri più caratteristici, Phillips traspone le forme bizzarre prodotte dalle immagini luminose delle slot-machine, che, con i loro lampi accecanti e le loro pin-up dal fascino aggressivo ingrandite fino ad assumere una dimensione totalizzante, mitragliano l'osservatore con un implacabile fuoco di fila di stimoli visivi. Nel corso di un soggiorno a New York (1962–64), l'artista comprò un aerografo che da tempo aveva pensato di utilizzare e cominciò a mettere in scena il proprio universo iconografico freddo ricorrendo a una tecnica che lo fosse altrettanto. "L'impiego di una macchina era un arricchimento logico, quasi ineluttabile dei suoi metodi pittorici. Grazie alla tecnica aerografica il suo linguaggio visivo acquisì un'immediatezza ancora più intensa e netta" (Christopher Finch).

L'abbandono totale della scrittura personale, il culto smodato per le formule dell'iconografia commerciale e l'adozione di formati insoliti fanno di Peter Phillips non solo l'artista più coerente della Pop Art britannica, ma anche quello che presenta una maggiore affinità di spirito con i colleghi d'oltreoceano. Phillips, però, non era l'unico a seguire una metodologia così sistematica: Patrick Caulfield faceva altrettanto.

Per quanto riguarda l'ideologia di base della Pop Art, la differenza tra gli artisti americani e quelli britannici nasce dalla frattura che si è prodotta tra l'evoluzione culturale americana e la tradizione europea. Si tratta di un fenomeno per cui è difficile stabilire l'esatta data di nascita. Il processo era già stato avviato e incoraggiato dall'avvento di quella cultura commerciale che Greenberg aveva denunciato e qualificato con il termine

Patrick Caulfield
Artist's Studio, 1964
Olio su legno, 91 x 281 cm
Londra, The Arts Council of Great Britain

"kitsch". Egli, tuttavia, applicandole quest'etichetta polemica, si sbagliava tanto quanto Alloway, anche se quest'ultimo aveva usato l'espressione meno negativa di "cultura popolare". La cosiddetta cultura popolare, o "cultura di massa" a seconda dei punti di vista, non è né il frutto di tradizioni culturali regionali né un'emanazione delle classi popolari, ma deriva piuttosto dalla crescente industrializzazione delle società occidentali, che ne regola il contesto e i meccanismi. Interamente protesa verso i desideri dei soggetti che vivono in ambienti urbani e che valgono in quanto consumatori, questa cultura registra come un sismografo i cambiamenti che potrebbero avvenire nella mentalità e nei comportamenti collettivi. I suoi promotori sono creatori professionisti, in un certo senso artisti, che lavorano per conto di altri e devono uniformare le proprie idee a quelle dei committenti. Possono essere paragonati agli esponenti dell'Avanguardia, oppure ai membri delle corporazioni medievali o delle moderne associazioni sindacali: anche loro svolgono la propria attività nel rispetto di specifiche regole di suddivisione dei compiti e non dispongono di un controllo sul risultato finale.

La cultura della fabbricazione industriale è sempre stata considerata sospetta dai critici impegnati. Per Max Horkheimer e Theodor W. Adorno rappresentava un sottile strumento di dominazione, manipolato dai detentori e dagli amministratori del potere economico e politico. L'unica funzione di questo tipo di prodotti era quella di sviare l'attenzione delle persone dai loro interessi vitali e di orientarle, attraverso l'indottrinamento delle coscienze, verso una compensazione superficiale. Essi, inoltre, favorivano un livellamento insidioso delle menti raggiunto per mezzo di una fabbricazione seriale, standardizzata e ridotta a un minimo comun denominatore. Greenberg condivideva questo punto di vista.

René König, prendendo come esempio i film di cassetta, dava un giudizio più sfumato: "Se il meccanismo di massa del cinema e della televisione ha veramente l'effetto di uniformare gli spettatori, ciò avviene soltanto a una delle seguenti condizioni: o trova un terreno uguale dappertutto, oppure lo spettatore è completamente passivo"[7]. La prima ipotesi non regge, perché gli spettatori appartengono a diversi strati sociali, ognuno dei quali possiede una propria mentalità specifica, e si differenziano per sesso, età, professione, reddito e livello culturale; la seconda nemmeno, perché non tutti vanno al cinema e, per di più, non tutti quelli che ci vanno reagiscono allo stesso modo. Il film, grazie alla portata più ampia, ha un vantaggio non indifferente sulle arti tradizionali: non concretizza "necessariamente le visioni e gli stati d'animo evidenti, enunciati secondo una formula invariabile, ma soprattutto le attese e i sentimenti latenti, spesso subliminali, (…) dell'inconscio collettivo".

È verosimile pensare che Lichtenstein, Oldenburg, Rosenquist, Wesselmann e Warhol fossero cinefili più o meno assidui: con ogni probabilità approfittarono appieno dell'*american way of life*. Inoltre, ognuno di loro, dopo o durante gli studi, per scelta o per guadagnarsi da vivere, ha lavorato in vari ambiti dell'arte su commissione. Lichtenstein è stato disegnatore industriale e creatore-disegnatore di finestre e lamiere di acciaio. Nato da una famiglia benestante, Oldenburg ha esordito come giornalista e disegnatore per alcune riviste. Rosenquist ha realizzato spazi pubblicitari e Wesselmann ha studiato la tecnica del fumetto. Nel campo commerciale, Warhol ha ottenuto i risultati migliori: le illustrazioni pubblicitarie manieriste eseguite per un marchio di scarpe gli valsero un enorme successo. "Ma erano prima di ogni altra cosa artisti e dedicavano i loro sforzi migliori alla pittura vera e propria (…). Avevano in testa una sola idea: abbandonare la pubblicità disinvolta e la sua imitazione dell'arte moderna" (Lucy R. Lippard).

Sotto l'influsso dei loro progetti ambiziosi, il panorama artistico conobbe una trasformazione folgorante. Appena costituita l'Avanguardia, i mercanti d'arte ebbero un peso sempre maggiore sul destino degli artisti, un potere analogo a quello che i maestri esercitavano sugli apprendisti all'inizio dell'epoca moderna, i precettori sugli allievi al tempo della borghesia e i critici sugli artisti nel Modernismo. L'Espressionismo astratto deve l'immenso successo internazionale in larga parte all'alleanza che era andata for-

mandosi tra tre "gruppi d'interesse": gli artisti influenti, i critici illuminati come Greenberg e Harold Rosenberg, e i consumati mercanti d'arte che avevano non solo un fiuto strepitoso per l'originalità e il dinamismo artistico, ma anche il gusto del rischio e la capacità di imporsi.

Al tempo dell'Avanguardia, da un ruolo di semplice comparsa, il mercato dell'arte assunse un'importanza chiave. Negli anni '40 e '50, il centro di Manhattan, che aveva visto tempi migliori, ritrovò la sua antica vitalità quando vi si installò un gruppo di giovani artisti in cerca di esperienze inedite e di galleristi temerari. Gli affitti erano a buon mercato, gli artisti avevano bisogno di una piattaforma per farsi conoscere e i galleristi sapevano che il loro margine di profitto sarebbe stato tanto più ampio quanto più in fretta i loro clienti avessero avuto successo. A conti fatti, si trattava di un buon affare sia per gli uni che per gli altri. Dal canto loro, le cooperative e i luoghi di cultura alternativa finan-

Hans Namuth
Leo Castelli e i suoi artisti
The Odeon, 1982

DA SINISTRA A DESTRA, IN PIEDI:
Ellsworth Kelly, Dan Flavin, Joseph Kosuth, Richard Serra, Lawrence Weiner, Nassos Daphnis, Jasper Johns, Claes Oldenburg, Salvatore Scarpitta, Richard Artschwager, Mia Westerlund Roosen, Cletus Johnson, Keith Sonnier; SEDUTI: Andy Warhol, Robert Rauschenberg, Leo Castelli, Ed Ruscha, James Rosenquist, Robert Barry

ziati da mecenati permettevano agli artisti ambiziosi di dimostrare il proprio talento al di fuori del circuito commerciale delle gallerie e di farsi notare. Si può dire che il ruolo svolto per la Pop Art da Leo Castelli, Ileana Sonnabend, Ivan Karp e Richard Bellamy, padroni di piccoli spazi espositivi, sia stato pari a quello degli stessi artisti o dei primi critici e direttori di musei a loro favorevoli – personalità come Alloway, G. R. Swenson, Lippard, John Coplans, Geldzahler o Walter Hopps.

Nell'America capitalista, il successo commerciale non era visto come un difetto. Avere successo significava beneficiare del riconoscimento pubblico, nonché diventare famosi, benché l'argomento fosse sempre trattato con discrezione. In seguito a un'osservazione sgarbata da parte del pittore Willem de Kooning sul proprio gallerista Leo Castelli, Jasper Johns, generalmente considerato parte integrante della Pop Art, modellò col bronzo due lattine di birra, ne riprodusse minuziosamente a mano le etichette e le collocò su un basamento. De Kooning aveva affermato che Castelli avrebbe potuto far passare qualunque cosa per un oggetto d'arte e venderla come tale, si trattasse pure di lattine di birra. Un divertito Johns avrebbe ricordato che de Kooning aveva visto giusto.

Leo Castelli aveva esposto alcune opere di Johns a partire dal 1954. L'artista, che aveva incentrato la propria ricerca sulla complessa problematica relativa alla vera essenza dell'opera d'arte, creò quadri che sembrano presentare esigenze divergenti tra loro. Per questo, aveva selezionato motivi assolutamente inusuali: bandiere, bersagli, cifre. Le sue raffigurazioni di bandiere e bersagli sollevano quesiti riguardanti il concetto di identità. Qual è il loro significato? Sono bandiere, bersagli, cifre, o semplicemente opere d'arte prive di uno scopo ulteriore? Davanti a un quadro che rappresenta una bandiera bisogna assumere un atteggiamento rispettoso? Davanti a un quadro-bersaglio è necessario prendere una pistola e sparare? Oppure ci si deve limitare alla contemplazione estetica? Johns aggira con sottigliezza l'esigenza di autonomia radicale formulata dall'arte moderna – premessa ideologica dell'Avanguardia – e dimostra che questa non ha alcun fondamento a causa della mutevolezza semantica di tutte le cose, anche le più semplici. Esse, infatti, cambiano continuamente a seconda delle condizioni della percezione, a loro volta variabili. Pur raffreddando formalmente l'esplosivo linguaggio gestuale dell'Espressionismo astratto, Johns dà una grande importanza a una finitura perfetta del colore provvista di un tocco personale.

"Non sono un artista pop!", affermava Johns. È vero che nulla lo lega veramente a questa corrente, tranne il fatto che ha contravvenuto ai precetti dell'Avanguardia aprendo lo spazio estetico all'osservatore e trasformando l'effetto dell'opera d'arte nel fulcro delle proprie ricerche artistiche. Spinge così in profondità la somiglianza dei propri oggetti da farla diventare pura imitazione, in modo che solo il trattamento pittorico del motivo, distinto da una spiccata sensibilità, faccia percepire la differenza. È questo il suo, quasi involontario, contributo alla nascita della Pop Art.

Mentre Johns lasciava aperta l'opzione tra arte e realtà, Rauschenberg tappezzava i suoi quadri, generalmente monumentali, con ogni sorta di oggetti desunti dalla vita di tutti i giorni e li caricava di realtà. Le sue superfici pittoriche diventano un gioioso guazzabuglio di riproduzioni di articoli di giornale, foto di riviste e di pin up, cartelli stradali, lettere, fil di ferro, legno, erba e perfino polli e capre impagliati. Incorporava a parti dipinte con un tocco ampio e gestuale elementi eterogenei, ordinando quella che aveva l'aria di una Babele in un insieme artistico variegato. Tuttavia, i materiali non si fondono completamente nel suo mondo estetico.

Tra questo e il quotidiano si creano, al contrario, campi di tensione e, poiché Rauschenberg trattava le due sfere allo stesso modo, nelle sue opere l'artistico assume i caratteri del reale. Anche lui, a modo suo, si pone quindi la questione dell'identità del quadro, tanto più che un buon numero degli articoli di uso comune che integrava erano prodotti della cultura di massa. L'artista impiegava con identica abilità le tecniche pittoriche tradizionali e i moderni metodi di rappresentazione: aveva preso a prestito il frottage dal surrealista Max Ernst e usava la serigrafia, come Warhol, per riprodurre le fonti fotografiche. Pur non uscendo dal postulato della soggettività artistica, Johns e Rau-

Gerhard Richter
Stenditoio pieghevole, 1962
Olio su tela, 105 x 70 cm
Collezione privata

Sigmar Polke
Le Amiche, 1965/66
Pittura a emulsione su tela, 150 x 190 cm
Collezione privata

schenberg davano un peso maggiore alla realtà rispetto agli artisti pop britannici. Max Imdahl non si sbagliava vedendo nei loro quadri i sintomi di una "crisi di identità". Ad ogni modo, i due artisti erano abituati alla creazione del reale. Avevano realizzato gli interni di diverse vetrine per il grande magazzino Bonwit Teller sulla 5th Avenue e avevano preso parte al famoso happening di Allan Kaprow "Eighteen Happenings in Six Parts" (1959).

Miscuglio di azioni teatrali sulle quali venivano trapiantati elementi di danza e di drammaturgia leggera, metodi di rappresentazione non conformisti e avvenimenti quotidiani, l'happening era un'esperienza estetica nata dalla volontà di sfuggire all'isolamento ricercato dall'Avanguardia. All'americano Allan Kaprow e agli europei Jean-Jacques Lebel e Wolf Vostell va il merito di avergli fatto assumere la forma perturbante più pura facendone l'antitesi della cultura popolare. "L'arte è la vita" era il loro motto.

È nel cuore di Manhattan, dove si affollavano talenti e personaggi strani, che ebbero luogo le prime esposizioni collettive e personali di Lichtenstein e dei suoi colleghi. Questi si conoscevano bene, avendo in comune amici, obiettivi e iniziative. Oldenburg, Dine e Lichtenstein erano grandi amici di Kaprow e, a loro volta, hanno dato vita ad alcuni happening. Rosenquist aveva frequentato lo stesso corso di disegno di Claes Oldenburg e Robert Indiana prima di imporsi come illustratore pubblicitario. Wesselmann, dopo aver tentato la via dell'Espressionismo astratto, si dedicò a collage in cui manipolava elementi della realtà, Warhol brillava per i disegni dedicati a una marca di scarpe. Nonostante la loro formazione artistica, erano radicati nella cultura commerciale più in profondità di quanto lo fossero Johns, Rauschenberg, Kaprow e gli esponenti del pop britannico. I loro studi non si erano limitati all'arte, e tutti erano dovuti passare per uno o più mestieri legati alla cultura popolare prima di conoscere il successo. Si erano nutriti di cinema, design e pubblicità esattamente come di hamburger e Coca-Cola.

Questo spiega perché, dopo un'incursione nell'Espressionismo astratto, abbiano intrapreso una ricerca di forme pittoriche originali e di forte impatto esplorando il ricco repertorio visivo della cultura di massa, campo in cui erano veri professionisti. Fino a quell'epoca, gli artisti si erano limitati a citare questo linguaggio assillante con una marcata propensione per lo stereotipo, a trasformarlo sul piano estetico o ancora a decontestualizzarlo inserendolo in collage o montaggi. Gli artisti pop, al contrario, si sono impadroniti totalmente di questo idioma leggero e lo hanno trasposto così com'era, adattandone eventualmente alcune particolarità utili alle loro necessità e ai loro intenti artistici. Non si accontentarono, come aveva fatto Duchamp, di traslitterare nel contesto artistico motivi del fumetto, marchi o personaggi dell'industria alimentare, del design, della fotografia e della cinematografia, ma procedettero alla nobilitazione estetica dei prodotti della cultura popolare, ai quali conferirono un valore eterno a dispetto della loro precarietà.

Gli artisti si spartivano, per così dire, il ventaglio iconografico della cultura popolare, e, dopo ogni nuova trovata, cambiavano per qualche tempo il proprio orientamento. Lichtenstein diede la propria preferenza allo schema visivo del fumetto. Warhol abbandonò il genere dopo aver visto i suoi quadri e concentrò la propria attenzione su una serie di emblemi di facile utilizzo: scatolette di zuppa, confezioni di detersivo e bottiglie di bibite, riproduzioni fotografiche di star del cinema, incidenti stradali o catastrofi aeree, sedie elettriche, mafiosi e opere d'arte celebri. Oldenburg trattò articoli di consumo quotidiano e prodotti alimentari in scala gigante con l'ausilio di materiali inusuali. Wesselmann perfezionò il disegno pubblicitario e Rosenquist dipinse con colori alla moda manifesti di aerei da combattimento, Volkswagen, gambe di donna, automobili Ford e piatti di pasta al pomodoro. Ognuno di loro delimitò piuttosto rapidamente il proprio terreno d'azione e cominciò a elaborare un modo di fare che potrebbe essere definito superficialmente come uno stile.

James Rosenquist
F-111 (dettaglio), 1964/65
Olio su tela, 305 x 2621 cm
New York, The Museum of Modern Art, lascito coniugi Hillman e Lillie P. Bliss

Avevano anche altri punti in comune: il trattamento impersonale dei motivi pittorici e la preoccupazione costante di stendere una colorazione perfetta, liscia e oggettiva. Le loro opere non lasciavano trasparire l'umore del momento, lo stato psichico, il modo di pensare e di sentire, oppure le aspirazioni degli autori. Nessuno oserebbe insinuare che Lichtenstein andava pazzo per i fumetti e che Warhol adorava le fotografie non artefatte. Anche se la maggior parte di loro ha privilegiato le tecniche manuali, e sebbene Warhol sia stato il solo ad aver meccanizzato completamente il processo creativo, questi quadri avrebbero potuto essere realizzati da collaboratori qualificati sotto la loro supervisione. Tra l'altro, una volta raggiunto il successo, ossia quando il mercato dell'arte ebbe accettato le loro opere e attratto i collezionisti (persone come l'architetto Philip Johnson, l'editore Harry Abrams o ancora Robert Scull, proprietario di una compagnia di taxi, la cui collezione sarebbe stata in seguito rilevata dall'imprenditore tedesco Karl Ströher), tutti si circondarono di assistenti che svolgevano il lavoro di base.

Nelle sue opere, Lichtenstein condensa in un'unica immagine caratteristica (raramente in più di una) la linea narrativa precipitosa del fumetto. La rende omogenea, la sintetizza in un unico tratto saliente. Nella sua visione delle immagini fumettistiche, Lichtenstein concretizza quello che il fotografo Henri Cartier-Bresson chiamava il "momento decisivo". Il succinto linguaggio visivo dei suoi modelli, che non sceglieva mai tra i più recenti preferendo quelli patinati, gli permetteva di dare rilievo alle emozioni violente, alla paura, al terrore, all'amore, all'odio, come al cinema, senza mai cadere in un sentimentalismo zuccheroso. Spesso a questi elementi si mescola l'ironia, in particolare quando il pittore ricopre le grandi opere del Modernismo classico con il suo sistema di segni e di colori.

"Se un'agenzia pubblicitaria cercasse veramente di convincere il pubblico con metodi di vendita aggressivi, le basterebbe utilizzare un quadro di Wesselmann", scriveva Jill Johnston, a sua volta artista pre-pop, che con grande intuito constatava quanto fosse incerto il confine che separava l'arte commerciale da quella ritenuta "non commerciale". Wesselmann, i cui *Grandi Nudi americani* sono ormai icone classiche del pop, spiegava così le prime fasi del suo lavoro: "Uso un'immagine pubblicitaria non perché è stata trat-

ta da un manifesto, ma perché è una rappresentazione particolare, autentica di qualcosa". Ciò che può apparire banale lungo la strada acquista una freschezza insospettabile in una galleria d'arte.

Nemmeno Rosenquist disdegnava brevi incursioni nell'arte commerciale. Formato sulle tecniche dell'illustrazione pubblicitaria, se ne serviva per ideare i propri quadri. L'idea di ingrandire a dismisura la superficie pittorica, impedendo allo sguardo di abbracciarla interamente, si rifà alle strategie pubblicitarie più innovative. L'universo artificiale della sua arte esclude qualunque sorta di realtà ordinaria, compresa la natura, e la sostituisce con quella artificiale della cultura popolare, affascinante e minacciosa al tempo stesso. Un caccia F-111 si allarga sui 26 metri di un quadro spettacolare, un gigantesco mezzo blindato è piazzato su un foglio di carta da imballaggio trasparente e leggera e un maggiolino Volkswagen si trasforma in un insetto mostruoso.

La presa di distanza nei confronti dell'industria culturale è ancora chiaramente percepibile in Oldenburg. Alla base della sua arte si trovano un'ironia di fondo e un misterioso piacere anarchico. Cartapesta e tessuti bizzarri sono i materiali con i quali riproduceva oggetti fabbricati in serie dall'industria di consumo, togliendo loro qualsivoglia funzione logica, talvolta ingrandendoli fino a mandare in pezzi il loro ambiente consueto e a far sì che costituissero una sfida temibile per la civiltà.

Andy Warhol è l'artista pop per eccellenza, in grado di incarnare la Pop Art nella sua persona e nella sua arte. La sua opera riunì tutto ciò che il movimento aveva di sovversivo. A giusto titolo, si ribellò con veemenza al rimprovero, mosso alla Pop Art, di essere una "contro-rivoluzione". Warhol partì da concezioni artistiche che non deviarono né nell'individualismo eccessivo né nella messa in pratica dei precetti artistici. Era nella logica delle cose che scoprisse nei più recenti mezzi di comunicazione di massa e nelle loro risorse tecnologiche il potenziale artistico che conveniva alla moderna società. Applicò le loro tecniche, i loro materiali e le loro forme, modificandoli leggermente, al campo estetico dell'arte. Attraverso i suoi interventi, la "crisi di identità" che Johns aveva avviato con i suoi quadri di bandiere e bersagli divenne una crisi di identità dell'arte moderna. I suoi quadri di Marilyn Monroe, realizzati dopo la morte dell'attrice, sono ritratti o icone mitiche? Come icone, sarebbero un'incarnazione per immagini della star scomparsa, un frammento di realtà mitica, e non arte secondo i criteri dell'arte moderna. Ciò nonostante, le sue serie di Marilyn Monroe hanno comunque promosso l'attrice al rango di mito.

La produzione di Wahrol minò gli ultimi baluardi dell'arte *stricto sensu* e aprì una breccia attraverso la quale passarono i media popolari. Poco a poco, il cinema e la fotografia fecero il loro ingresso nelle gallerie e nei musei, nelle esposizioni e nelle collezioni internazionali, portando con loro la moda, la musica pop e la cultura della cronaca. Dopo che la Pop Art di Warhol ha fatto esplodere i bastioni della fortezza artistica, non solo la cultura popolare è divenuta un tema dell'arte, ma a sua volta l'arte è divenuta un soggetto della cultura popolare. Con il senno di poi, è possibile affermare che la rettifica di Alloway mancasse di perspicacia.

Alla "Factory", fondata personalmente da Warhol, l'infaticabile artista, con l'aiuto degli assistenti, si dedicava alla realizzazione in serie. Il processo creativo combinava una fase meccanica e un trattamento manuale caretterizzato dall'impiego della serigrafia, tecnica entrata nell'arte commerciale alla fine della seconda guerra mondiale. L'esecuzione volontariamente imprecisa, poco curata, serviva a esprimere una reticenza di ordine artistico nei confronti della perfezione e della cruda pulizia dell'iconografia popolare. I motivi dei suoi quadri e dei suoi oggetti sono ripresi dal mondo dei consumi e delle riviste. L'iterazione e l'allineamento rinnovati senza sosta della stessa figura fanno eco al principio di standardizzazione e di produzione in serie. D'altra parte, la ripetizione instancabile è, proprio per l'estetica dell'industria culturale, un modo sicuro per aumentare l'importanza di avvenimenti spettacolari.

La telecamera e la macchina fotografica hanno accompagnato Warhol lungo tutto l'arco della sua carriera. Non è dunque un caso se i suoi scatti segnano una tappa impor-

tante nella storia della fotografia. Si è inoltre creato un posto nella storia del cinema come regista e produttore di documentari e di fiction. Warhol, però, non fu soltanto un produttore e un osservatore imperturbabile, ma coinvolse in un gioco virtuosistico tutti i registri della vita culturale e ne sfruttò intenzionalmente le leggi per raggiungere i propri obiettivi. Con la sua politica ponderata con maturità, e un po' sovversiva, pose fine alla convinzione secondo cui una posizione non commerciale è un indizio infallibile per riconoscere un'arte superiore. "L'arte non commerciale ci ha dato *La Grande Jatte* di Seurat e i sonetti di Shakespeare, ma anche molte altre cose rese impenetrabili dal loro esoterismo. D'altra parte, l'arte commerciale è stata spesso volgare e pretenziosa fino alla nausea (sono due facce della stessa medaglia), ma le dobbiamo anche le incisioni di Dürer o i drammi di Shakespeare"[8]. E, potremmo aggiungere, le immagini della Pop Art, della fotografia e del cinema…

Tom Wesselmann
Landscape No. 2, 1964
Foto, colori a olio e plastica su tela,
193 x 239 cm
Colonia, Museum Ludwig

Peter Blake
On the Balcony, 1955–57

* 1932 a Dartford, Kent,
Gran Bretagna

Molto tempo prima che l'arte contemporanea legittimasse l'accumulo di oggetti curiosi come una "ricerca di indizi", il pittore Peter Blake rivela la sua natura di collezionista, o quanto meno di compilatore meticoloso. Decide, tuttavia, di non presentare la propria collezione sotto forma di elementi originali, ma come dipinto e la riunisce sullo sfondo verde di un quadro mostrandola secondo un punto di vista interamente frontale. Gli oggetti della collezione condividono la superficie pittorica con quattro giovani, che formano due coppie, allineati su una panchina. Più indietro, appare un tavolo disposto in diagonale, sul quale si trova una figura femminile, di cui è visibile solo la metà inferiore del corpo. Niente è più adatto del termine neutro "diversi" per caratterizzare gli elementi rappresentati. All'interno del quadro predominano oggetti bidimensionali, illustrazioni e disegni di origine quanto mai varia, nessuno dei quali ha più di cento anni. La raccolta comprende le copertine di *Life* e *Weekly Illustrated*, una foto di Winston Churchill in compagnia della famiglia reale che saluta la folla, un'altra che mostra ancora una volta la famiglia reale al gran completo accompagnata da parenti europei, un pacchetto di sigarette, un libro aperto, una terza fotografia e un gagliardetto. A sinistra, una tavola è coperta da articoli di consumo quotidiano: un panetto di margarina, la bottiglia mezza piena di una bevanda gassata, una scatoletta di sardine, un giornale… La lista è tutt'altro che esaustiva. L'impressione che se ne ricava è che un giorno il pittore si sia messo a fare l'inventario di quanto si era accumulato nel suo studio. I motivi sono dipinti fin nei minimi particolari, con una precisione quasi fotografica. La loro plasticità contrasta fortemente con la resa schematica dei volti e dei corpi relativamente infantili dei giovani. Ogni cosa nel quadro sarebbe normale, se non fosse presente, sul bordo sinistro, quasi inosservato nell'accumulo di oggetti, il celebre capolavoro di Édouard Manet, da cui Blake ha tratto il titolo per la sua opera: *Sur le balcon* (1868). L'artista ha posto il dipinto di Manet sullo stesso piano degli oggetti triviali della cultura di massa. In questo contesto, il quadro diventa in effetti una delle componenti di tale cultura: il formato ridotto indica che si tratta di una copia o di una riproduzione racchiusa in una cornice dorata. Anche se i riferimenti di ogni oggetto restano enigmatici, la tela di Blake solleva implicitamente la questione dello statuto "dell'opera d'arte nell'epoca della sua riproducibilità tecnica" (Walter Benjamin), mettendo in luce, contemporaneamente, l'evoluzione della percezione rispetto all'epoca del pittore francese e le conseguenze della dispersione dello sguardo.

On the Balcony, 1955–57
Olio su tela, 121 x 91 cm
Londra, Tate

Allan D'Arcangelo
U. S. Highway 1, Number 5, 1962

* 1930 a Buffalo, New York, USA
† 1998 a New York, USA

A un certo punto della propria storia, il mondo è stato messo a soqquadro da un'invenzione fondamentale: l'automobile. Se escludiamo le cadute di meteoriti, le ere glaciali e la deriva dei continenti, nessun altro fenomeno ha modificato il paesaggio del nostro pianeta in modo così radicale: nemmeno l'industria, la ferrovia o l'aeroplano. Treni e aerei sono fattori essenziali della civiltà contemporanea e potenti motori dell'economia, ma l'automobile rappresenta molto di più: è il simbolo della libertà individuale, la libertà di spostarsi a piacimento e senza fatica. Per rispondere alla sua diffusione, è stato necessario ricoprire il paesaggio con una gigantesca rete di strade. L'auto ha aumentato la mobilità delle masse, portando come conseguenza logica la trasformazione delle grandi città in megalopoli opache e ingovernabili, teatri di un perpetuo movimento di ingressi, uscite e ingorghi mostruosi. Attorno all'automobile è andata sviluppandosi una cultura specifica, la cultura del traffico, dotata del suo sistema di segni e del suo particolare codice di comportamento. Il pittore D'Arcangelo, che intratteneva rapporti piuttosto instabili con la Pop Art, ha fatto di questa cultura il tema della propria opera e la propria sfera iconografica. Il quadro, che si inscrive in una lunga serie di opere di grandi dimensioni, rappresenta la percezione del paesaggio così come viene visto da un guidatore lanciato a grande velocità. Le differenze geologiche, geografiche e culturali dei panorami che scorrono sono riassunte in pochi dettagli sfuggenti: la strada interminabile, la luce cangiante, i cartelli stradali e il cielo, lontano all'orizzonte. Per rappresentarli, l'artista limita la percezione dei dati visivi registrati dal guidatore a forme molto stilizzate e a pochi colori in forte contrasto tra loro. D'Arcangelo è l'unico esponente della Pop Art a non aderire al ruolo di osservatore distaccato. La visione zoomata di *Highway 1, Number 5*, opera tratta da una serie complessiva di cinque lavori simili, aspira letteralmente lo sguardo dell'osservatore e lo catapulta verso il bordo superiore dell'immagine. Attraverso questo meccanismo, il quadro associa istantaneamente percezione e sensazione fisica. Capta la linea dello sguardo e, sull'autostrada che rimpicciolisce a grande velocità, la proietta dall'anonimo primo piano verso l'insegna luminosa, e da questa subito verso il cartello indicatore che la segue. Il piano strutturale diventa uno schermo cinematografico virtuale sul quale sorge un'immagine apparentemente mobile, che potrebbe essere filmata con una cinepresa in moto accelerato. L'emozione data dal quadro è contrastata dalla superficie liscia e da una composizione geometrica rigorosa. Nemmeno l'oscurità che sta calando riesce a ispirare alcun romanticismo. Il dipinto, in quanto tale, è anche un simbolo delle possibilità pressoché infinite del sogno americano, di cui la letteratura, la fotografia e il cinema sono le eco continue.

*U. S. **Highway 1, Number 5**, 1962
Polimero su tela, 177,6 x 207 cm
New York, The Museum of Modern Art,
donazione dei coniugi Fischbach

Jim Dine
Double Isometric Self-Portrait (Serape), 1964

* 1935 a Cincinnati, Ohio, USA

I suoi quadri, o meglio le sue sculture pittoriche, sono stati e sono tuttora presenti in tutte le grandi esposizioni sulla Pop Art. Eppure questo artista non ha mai fatto mistero del proprio scetticismo riguardo al valore del pop. Esteriormente, la differenza tra i suoi dipinti, specialmente i primi, e quelli di pittori come Lichtenstein o Warhol sembra minima. Il marcato interesse per la sfera del quotidiano, così come l'allontanamento dall'Espressionismo astratto, possono essere riscontrati anche in Dine. Non meno evidente, d'altro canto, è la distanza interiore che separa l'artista dalla cultura popolare. Nel momento in cui nasce la Pop Art, i suoi soggetti prediletti sono i vestiti. Pantaloni, cappelli, giacche e cappotti invadono in molteplici varianti le sue tele, il cui ruolo si riduce spesso a quello di semplici supporti. *Double Isometric Self-Portrait (Serape)* è l'immagine doppia di una vestaglia rappresentata in maniera stilizzata. Almeno a prima vista: un esame più attento, infatti, mostra che si tratta in realtà di due vestaglie, talmente simili per sagoma, forma e dimensioni da creare confusione. Non è un caso che ricordino dei cartamodelli: sarebbe forse più corretto descriverle come riproduzioni di cartamodelli di vestaglie di dimensioni leggermente diverse. Tanto più che i vestiti sono ottenuti da diversi frammenti assemblati nello stile del collage. I numerosi colori rinforzano ulteriormente questa impressione. Inoltre, la suddivisione della forma in superfici policrome irregolari ma dai contorni precisi struttura le due parti del quadro dando loro l'aspetto di un mosaico con moduli forma-colore sempre diversi. La conseguenza è che sfondo e immagine si identificano e i contorni delle vestaglie si dissolvono per trasformarsi in puzzle astratti. Sulla parte superiore di entrambi i pannelli che compongono il quadro, al centro, è appesa una catena che, scendendo fino al bordo inferiore, termina con un piccolo cilindro di legno a sezione tonda fissato a un anello. L'opera di Dine contiene numerosi riferimenti e allusioni al suo universo personale. L'artista vede nei vestiti una seconda pelle, un secondo io. Lo dimostra anche uno degli happening che aveva organizzato prima di dedicarsi alla pittura, quando utilizzò il proprio corpo come supporto di pittura. Le sue ricerche si occupano, in modo particolare, dei problemi elementari dell'arte: la percezione visiva, la tensione tra ciò che designa e ciò che è designato, tra simulazione e realtà.

Double Isometric Self-Portrait
(Serape), 1964
Olio, legno e metallo su tela, 145 x 215 cm
New York, Whitney Museum of American
Art, donazione di Helen W. Benjamin

Red Grooms
Hollywood (Jean Harlow), 1965

* 1937 a Nashville, Tennessee, USA

Edward Ruscha ha fatto risplendere il mito di Hollywood con le sue lettere magiche e Warhol lo ha celebrato attraverso le sue star. Grooms, invece, materializza, rendendolo durevole, lo sfavillio effimero della "fabbrica dei sogni" nella forma esistenziale del reale scultoreo. Il legno e l'acrilico sono i materiali che danno sostanza al mito. Stella osannata dal cinema e prematuramente scomparsa, Jean Harlow è stesa su un divano coperto da un tessuto drappeggiato, sullo sfondo di una sorta di ventaglio aperto. Riposa, come Afrodite, in compagnia di uno dei suoi numerosi amanti; il viso rivolto al pubblico, offre un sorriso radioso e pieno di promesse. Tutto, in questa scena – azione, espressione, gestualità – è indirizzato al pubblico e non alla figura maschile al suo fianco, proprio come in un film. Con un'unica differenza: Grooms non dissimula questo aspetto, come farebbe il cinema, anzi lo accentua. Con le ginocchia scoperte e leggermente piegate, la bionda platinata svela il generoso décolleté alzando le braccia. Come spesso accade sul set, riempie completamente la scena, nonostante la presenza dell'uomo in smoking nero che siede sul bordo del divano quasi in adorazione. Non è Clark Gable, che la strinse fra le braccia più spesso di altri, probabilmente si tratta di Franchot Tone, che Grooms non ha ritenuto degno di menzione. Jean Harlow, la cui morte prematura resta un enigma, era molto più che il prototipo di pin-up rappresentato per esempio da Lana Turner o da Marilyn Monroe, con le quali aveva tuttavia alcuni punti in comune. L'inusuale presenza erotica sullo schermo e il grande talento artistico che la distinguevano sono finiti da tempo nel dimenticatoio della storia del cinema. Anche nella scultura di Grooms l'attrice appare unicamente come metafora di un'industria culturale che può trasformare in falsi eroi e false eroine personalità altrimenti insignificanti. Hollywood è stata una fonte di ispirazione per la Pop Art, al pari della pubblicità, del fumetto o delle foto sulle riviste. Ma Grooms non era un artista pop tipico. Certo, espose insieme a Dine, Lichtenstein, Oldenburg e Segal alla Reuben Gallery di Manhattan e prese parte a vari happening, ma a differenza di questi ultimi adottò nel proprio lavoro un atteggiamento di critica sociale, generalmente espresso nei toni della satira. In *Hollywood*, il sorriso di Jean Harlow si trasforma in smorfia e il suo gesto di imbonimento rivolto al pubblico non fa che nascondere la sua profonda solitudine e il fatto che l'attrice non rappresenti altro, agli occhi dell'industria culturale, che un mero strumento di guadagno.

Hollywood (Jean Harlow), 1965
Acrilico su legno, 79 x 91 x 31,5 cm
Washington D. C., Hirshhorn Museum and
Sculpture Garden, Smithsonian Institution,
donazione di Joseph H. Hirshhorn

Richard Hamilton
Just what is it that makes today's homes so different, so appealing?, 1956

* 1922 a Londra, Gran Bretagna
† 2011 a Londra

Se esiste un'opera che la critica della storia dell'arte considera come l'iniziatrice della Pop Art, allora si tratta senz'altro di questo collage, il cui titolo ci chiede con perfidia che cosa renda le nostre case così diverse, così seducenti. Sull'involucro del lecca-lecca che il culturista tiene in mano senza ragioni apparenti è presente, bene in vista, la parola POP, gialla su fondo rosso. Per molti, questo collage realizzato a partire da foto di riviste è all'origine della creazione della formula. Diversi interpreti sostengono addirittura che qualunque relazione linguistica tra pop e cultura popolare sarebbe casuale, perché il termine, come Dada, sarebbe un neologismo spontaneo e l'opera dell'artista inglese ne offrirebbe la prova. Questa opinione, tuttavia, è confutata dal fatto che la creazione è stata realizzata come illustrazione per il catalogo dell'esposizione "This is tomorrow", che si era svolta nel 1956 alla Whitechapel Gallery di Londra. L'esposizione, nonostante fosse stata concepita come un'analisi dei problemi della cultura quotidiana svolta essenzialmente dalla prospettiva di architetti e urbanisti, ebbe una grande influenza sullo sviluppo della Pop Art inglese, poiché allargò il campo dell'arte alla civiltà urbana moderna e alle sue forme di espressione visiva. Hamilton fu uno degli organizzatori della manifestazione, che, ideata come una kermesse, ottenne un buon successo di pubblico. La sua grande innovazione consisté nell'aver esposto, per la prima volta alla luce del giorno, i segni della cultura popolare in una galleria che, come tutte le gallerie d'arte, si proclamava un bastione contro la "melma visiva" dei media commerciali. In questo collage feroce, Hamilton riunisce gli elementi cardine della cultura popolare industriale: la perfezione fittizia dei corpi, sia maschili sia femminili, le nuove tecniche di diffusione del suono e dell'immagine, l'atmosfera di pulizia clinica degli interni moderni, l'arredamento privo di anima. L'antologia delle tecniche visive moderne è completa: poster, marchio commerciale, televisione e cinema – all'esterno brilla una pubblicità per *The Jazz Singer*, il primo film parlato al mondo. Senza dimenticare la tecnica del collage a partire da ritagli della stampa illustrata, che costituiscono la forma e la tecnica del suo quadro e che l'artista utilizza per forza di cose anche come momento di riflessione sul mezzo impiegato. Vi sono riuniti tutti gli ingredienti, insaporiti da una punta di quella critica di cui si nutrirà in seguito la Pop Art. Il collage è, senza dubbio alcuno, la miccia che ha dato il via alla rivoluzione artistica, ma non ne rappresenta il manifesto ed è servito unicamente come punto di partenza. Anche in questo caso, la riflessione vale unicamente per la corrente inglese del pop e non può essere estesa agli Stati Uniti.

Just what is it that makes today's homes so different, so appealing?, 1956
Collage, 26 x 25 cm
Tübingen, Kunsthalle Tübingen

Richard Hamilton
My Marilyn (paste up), 1964

Due anni dopo la morte di Marilyn, Richard Hamilton presenta la propria visione personale della star hollywoodiana in un collage dedicato alla pin-up: *My Marilyn*. Ben diversa da un omaggio a colei che, viva, fu una stella del firmamento del cinema, ma sarebbe diventata un mito solo più tardi grazie a Warhol, l'opera è una breve analisi dei meccanismi che ne decretarono il successo. Hamilton ha riunito sulla tela dodici foto dell'attrice, i cui bordi mostrano che le fonti sono contatti di una sessione fotografica sulla spiaggia. Tranne poche eccezioni, tutti sono stati colorati da Hamilton. Le stampe lavorate hanno formati diversi, però la dimensione delle foto riprende esattamente i modelli. Una soltanto, l'ultima, si distingue dalle altre, e non solo per le dimensioni: quella che si staglia su un cielo bicolore viola e arancio non è una persona, bensì una macchia bianca. Del corpo, resta solamente la sagoma e ciò che appare è una forma vuota, uno stampino. È evidente che in questa sequenza di scatti, divisi in due blocchi di quattro, l'artista si dedica a una specie di annientamento progressivo del soggetto umano, o alla metamorfosi dell'individuo in oggetto di consumo. Marilyn Monroe aveva posato per un fotografo, rimasto anonimo, assumendo gli atteggiamenti più adatti alla circostanza. Hamilton si è servito di questi contatti per realizzare il collage. Le foto migliori non erano destinate all'uso privato, ma a una campagna promozionale, come lasciano intuire i numerosi scatti, evidentemente privi di interesse, barrati in rosso. Su uno si legge la scritta "Good". Si tratta di quello che mostra Marilyn nella posa più sexy e più facilmente vendibile: la star sorridente, fotografata "in piano americano" con un'inquadratura dall'alto che ne valorizza il generoso décolleté. *My Marilyn* – di cui esiste anche una versione precedente e meno radicale – mostra con mezzi molto semplici e con una pregnanza impietosa il prezzo che una donna uscita dal ruolo di semplice pin-up fu costretta a pagare per brillare nel firmamento hollywoodiano. Nella sua ultima intervista, pubblicata nel libro di Enno Patalas, Marilyn fece la seguente rivelazione: "La cosa peggiore è quando un sex-symbol diventa un oggetto. Essere un oggetto è una cosa che detesto".

Hamilton è stato un artista fuori dal comune. Dopo innumerevoli sforzi per riuscire a studiare arte, lavorò nel campo della pubblicità e del design industriale, dove acquisì una solida formazione. In seguito fu professore e organizzatore di esposizioni che ebbero un impatto immediato. Con Eduardo Paolozzi fu una delle figure chiave della Pop Art britannica e membro dell'Independent Group fondato all'interno dell'I.C.A. Fu amico e confidente di Marcel Duchamp, che insieme a James Joyce fu ispiratore della sua opera, di cui analizzò il lavoro artistico e ricostruì il capolavoro *Le Grand Verre* (1915–23). Hamilton appartiene a un gruppo di artisti eminenti la cui influenza sull'arte contemporanea può essere solo parzialmente valorizzata dall'esposizione delle loro opere nei musei. Egli stesso si considera un "artista vecchio stampo".

My Marilyn (paste up), 1964
Foto e olio su tela, 51 x 62 cm
Colonia, Museum Ludwig

David Hockney
Tea Painting in an Illusionistic Style, 1961

* 1937 a Bradford, West Yorkshire,
Gran Bretagna

Il contorno della tela coincide con la rappresentazione bidimensionale di una confezione di tè aperta vista dall'alto. L'illusione della prospettiva è distrutta già dal disegno del coperchio: la forma della riproduzione non rispetta le regole di trattamento illusionistico formulate dalla pittura tradizionale e obbliga la parte superiore del quadro a passare nella realtà della superficie pittorica. Lo stesso succede alla pittura stessa. È vero che alcuni dettagli dell'iscrizione sono riconoscibili e la marca dell'imballaggio è identificabile, tuttavia la disposizione delle lettere e l'uso del colore rivelano una nota soggettiva, una sorta di negligenza e spontaneità che non possono essere ricondotte agli effetti di riflesso superficiali della parte superiore del quadro. La figura di un ragazzo nudo seduto che esce dai limiti della confezione si sottrae alla costrizione dell'enunciato formale del titolo e costituisce il corpo estraneo più perturbante dell'intera immagine. Naturalmente il titolo enuncia il contrario di ciò che mostra l'opera e quella che appare come una scarsa padronanza dei motivi tradizionali è solamente fittizia. Anche se *Tea Painting in an Illusionistic Style* riflette lo spirito della Pop Art in alcuni elementi, soprattutto nella scelta di un motivo tratto dall'immaginario della pubblicità, David Hockney non ha nulla dell'artista pop. Il regno del consumo di massa e i suoi segni eterogenei non lo interessano più del fenomeno della riproducibilità dell'opera d'arte e del suo linguaggio standardizzato. Anche quando utilizza alcune immagini della cultura popolare, Hockney le adatta sempre alle proprie concezioni artistiche. Il quadro che ne deriva è molto più vicino all'universo artistico del pittore che alla realtà da cui è ripreso il modello. Il disegno falsamente naïf, la delicatezza delle tinte, le tracce del gesto pittorico, il riflesso del desiderio sessuale sono più importanti di una confezione dipinta con cura, e questo anche se il tè sta agli inglesi come la Coca-Cola agli americani. La fase successiva del percorso di Hockney illustra in maniera ancora più plausibile la scarsità dei legami che intrattiene con la Pop Art: indubbiamente è più impregnato dello spirito mediterraneo di Matisse e Bonnard, soprattutto nella celebrazione della luce indipendentemente dalla scelta del motivo e della scala di colori, che di quello del cinema e della pubblicità. Anche nel suo lavoro fotografico, non sono tanto gli aspetti dei media a interessarlo, quanto i caratteri specifici dell'immagine.

Tea Painting in an Illusionistic Style, 1961
Olio su tela, 232,5 x 83 x 3,8 cm
Londra, Tate

43

Robert Indiana
The Big Eight, 1961

* 1928 a New Castle, Indiana, USA,
con il nome di Robert Clark
† 2018 a Vinalhaven, Maine, USA

Arte astratta? Arte figurativa? Arte realista? Arte per l'arte? Le domande che questo quadro solleva, con il suo grande otto rosso vivo su sfondo blu, sono numerose. Una cosa è sicura: un numero è il simbolo astratto che caratterizza una certa somma, ma in questo quadro non rimanda a nulla di simile; al limite, agli otto segmenti del cerchio bianco che lo cinge come un'aureola. Il titolo non soddisfa, evidentemente, una tale ipotesi. Non va al di là di quanto si può vedere. "Quello che vedete è quello che vedete": ecco la massima che il pittore Frank Stella, contemporaneo di Robert Indiana, amava citare. Le ricerche di Stella, però, si muovevano in tutt'altra direzione, quella delle strutture pittoriche astratte, mentre Indiana faceva parte degli artisti pop. Il numero potrebbe allora fare riferimento a qualcosa che si trova al di là del campo dell'immagine e che il titolo non indica? In altre opere dell'artista, i numeri riprodotti sono quelli delle Route, le strade statali americane. È da queste che parte il suo studio sui numeri. Niente conferma che lo stesso principio valga anche in questo caso specifico: il numero, proposto come cifra e non come sequenza di lettere, sembra al contrario una forma "pura", come nei primi quadri di numeri di Jasper Johns. I due artisti hanno innalzato le cifre al rango di motivi artistici. Mentre Johns ha relativizzato il valore intrinseco dei numeri integrandoli in un ambiente pittorico, Indiana in tutte le sue creazioni (quadri e sculture) li ha utilizzati alla maniera di segnali, dando loro una rilevanza da cartellone. Non si tratta tuttavia di un quadro astratto: il numero è una sorta di immagine a sé stante, che corrisponde al massimo al cerchio in otto parti di cui occupa il centro con una tendenza alla plasticità, un procedimento che Indiana ha impiegato spesso. La forma, il colore e la messa in scena del quadro attingono alle fonti stesse della Pop Art. L'otto è un modello e i colori, apparentemente monocromi, pongono l'accento sul ricorrente contrasto rosso/blu e la cifra che appare in un quadrato ruotato di 45 gradi evoca i numeri delle Route. Indiana, che voleva diventare poeta, getta un ponte tra la Pop Art e la pittura hard-edge di Ellsworth Kelly senza compromessi equivoci, e allo stesso tempo distrugge, con ironia, la frenesia classificatoria dei critici d'arte. A questo proposito si nota anche che lo sfondo blu del quadro è composto da una molteplicità di linee diverse l'una dall'altra. Robert Indiana, con i suoi quadri di numeri, o la serie LOVE, ha centrato l'obiettivo di creare vere e proprie icone della Pop Art.

The Big Eight, 1961
Acrilico su tela, 220 x 220 cm
Colonia, Museum Ludwig

Jasper Johns
Flag, 1954/55

* 1930 ad Augusta, Georgia, USA

Fu solamente dieci anni dopo la realizzazione di questo quadro che il critico d'arte Alan Solomon pose la questione ormai inevitabile della sua identità: si tratta dell'immagine di una bandiera o di un'immagine che svolge la funzione di una bandiera? Entrambe le cose allo stesso tempo, se si sintetizzano le risposte dell'artista. L'opera presenta diverse somiglianze con la bandiera americana: l'aspetto, l'identificazione dello sfondo e del motivo, le proporzioni. Un altro aspetto importante è che, come la bandiera, è suddivisa in tre parti. Al campo blu stellato in alto a sinistra sono unite due zone a bande bianche e rosse, una a destra e l'altra nella parte inferiore. Ci troviamo dunque di fronte a un montaggio. Inoltre, ogni stella è un pezzo a sé, incollato al fondo come nell'originale. Di conseguenza, ciò che inizialmente sembrava indicare un'opera d'arte corrisponde invece a un aspetto reale. L'artista ha raccontato, per spiegare cosa aveva determinato questa stupefacente decisione, che sognava di dipingere la "star spangled banner" e che non aveva esitato a realizzare il proprio desiderio. Ha effettivamente dipinto la bandiera, ma senza farne una rappresentazione. La bandiera non è il motivo del quadro: il quadro *è* una bandiera. A prima vista, il soggetto e la superficie sono identici. Questo permette di dare ragione a Johns, quando ci spiega che il motivo del suo quadro è anche la pittura intesa in senso fisico, ossia la pittura in quanto tocco, colore, oggetto. La tecnica dell'encausto utilizzata è delicata: asciuga con molta rapidità e fissa immediatamente qualunque traccia di intervento che, quindi, resta visibile. Johns aveva cominciato con lo smalto, ma, poiché l'asciugatura richiedeva troppo tempo, passò all'encausto, tecnica pittorica che impiega la cera fusa. La vernice trasparente permette di vedere i ritagli di giornale incollati insieme, che brillano attraverso la superficie del colore e servono da sfondo alle righe del quadro. Un esame più attento permette di svelare nell'opera, intitolata laconicamente *Bandiera*, una costruzione a più strati che genera una relazione complessa tra realtà e arte, senza tuttavia prendere posizione, come la bandiera stessa. Considerata più freddamente, questa creazione non è altro che un pezzo di stoffa stampato e cucito, però resta un simbolo di identità nazionale e sociale, soprattutto negli Stati Uniti. Nel momento in cui l'artista dipinse il quadro, infatti, la guerra infuriava, plasmando la sua visione del mondo. I conflitti in corso erano tre: la Guerra Fredda, Est e Ovest, tra Stati Uniti e Unione Sovietica, per la supremazia mondiale; la guerra in Corea, appena terminata, e la caccia alle streghe scatenata contro gli intellettuali dal senatore McCarthy, che avvelenava il clima culturale americano. Per alcuni, *Flag* costituisce una svolta fondamentale verso la Pop Art, mentre altri la interpretano soprattutto come un'offesa ai sentimenti patriottici.

Flag, 1954/55
Encausto, olio e collage su tessuto
su compensato, 107 x 154 cm
New York, The Museum of Modern Art,
donazione di Philip Johnson in memoria
di Alfred H. Barr jr

Allen Jones
Perfect Match, 1966/67

* 1937 a Southampton,
Gran Bretagna

Due tette e un sedere sono i migliori argomenti per fare carriera a Broadway, cantano i protagonisti del film di Richard Attenborough *Chorus Line* (1985), secondo remake di un vecchio musical riadattato ai gusti odierni. Allen Jones lo sapeva da tempo. Lo stesso potevano fare due gambe ben tornite e una bocca sensuale. In questo quadro in forma di trittico verticale, il pittore rappresenta un'immagine della bellezza femminile che corrisponde alle aspirazioni maschili, in un'epoca di grandi cambiamenti sociali e culturali. Un'immagine che al tempo stesso esprime paure rimosse. Le tre parti si adattano alle singole predilezioni o alle psicosi individuali, al punto che ognuna potrebbe costituire un quadro autonomo. Bocca e seni nel pannello superiore; fianchi, natiche, pube e cosce in quello centrale; gambe, caviglie e piedi in quello inferiore. Una minigonna svela molto più di quel che nasconde, come nella "vita reale". Le gambe si muovono secondo una tecnica di decostruzione del movimento tipica dell'arte futurista – un discreto omaggio a Marcel Duchamp e al suo *Nudo che scende le scale* (1912). L'uso del colore è, al pari del disegno, molto deciso. Il rosso trionfa: nella parte alta rivaleggia con il nero, al centro, diventa meno violento, temperato dal grigio-blu e dal giallo, e nel pannello inferiore si infiamma letteralmente nel contrasto dei complementari verde/rosso ed è rotto unicamente da linee gialle e arancio. I colori compongono una stridula sinfonia pop visiva. Il pittore ha creato, fuori contesto, un'immagine feticistica moderna, che però non illumina in alcun modo la vita interiore dell'autore. Qualunque tentativo di interpretazione psicologica mancherebbe il significato del quadro. L'artista resta freddo, come Helmut Newton, le cui fotografie, nella stessa epoca, dividevano gli animi. L'immagine della donna presentata da Jones è il prodotto ambiguo di un progetto artistico che ha il carattere di un segnale commerciale: artificiale fino ai capezzoli turgidi, provocante e volgare come le icone femminili che le riviste proponevano all'epoca. Ciò nonostante nel museo, di fronte all'immagine della donna aristocratica dell'arte classica con cui divide la sala, raggiunge il colmo della provocazione: una parodia che svela senza alcuna vergogna quello che altrove è dissimulato con la massima raffinatezza pittorica. Jones scoprì l'universo dei mass media grazie a David Hockney e nel 1978 realizzò una parete pubblicitaria per una fabbrica di calze alla stazione di Basilea. L'influsso esercitato sull'arte dalla pubblicità finisce per ripercuotersi sulla pubblicità stessa.

Perfect Match, 1966/67
Olio su tela, in tre parti, 280 x 93 cm
Colonia, Museum Ludwig

Roy Lichtenstein
Takka Takka, 1962

* 1923 a New York, USA
† 1997 a New York

Il quadro di Pablo Picasso *Massacro in Corea* (1951) era stato accolto negativamente dalla critica. Attraverso le motivazioni estetiche invocate traspariva un certo scetticismo di fronte alla capacità della pittura di descrivere gli orrori della guerra. Vent'anni appena dopo *Guernica* (1938), immediatamente riconosciuto come un'opera fondamentale della pittura impegnata, si pensava che la fotografia potesse catturare un simile argomento con maggiore efficacia. Contributo fondamentale della Pop Art alla storia dell'arte, *Takka Takka* di Roy Lichtenstein dimostra il contrario: la semplificazione grossolana del linguaggio del fumetto, unita agli elementi della lingua scritta, determina un'enorme capacità di impatto e al tempo stesso conferisce al quadro un'ambivalenza sconcertante. Ancora oggi, a distanza di cinquant'anni dalla creazione dell'opera, l'aspetto minaccioso della mitragliatrice, dipinta in un violento bianco e nero che contrasta con il verde della giungla, e il suo crepitare amplificato dall'espressione onomatopeica "takka takka" scritta in lettere rosso sangue danno un'impressione di violenza molto più duratura di qualunque immagine sdrammatizzante ripresa dalla televisione nei luoghi di guerra. Non è tutto: la tela mostra anche il ruolo che le immagini di guerra hanno svolto e continuano a svolgere. L'artista ha colto l'arma nel momento preciso in cui compie la propria funzione, come se sparasse automaticamente, e solo per portare a compimento lo scopo per il quale è stata fabbricata in serie. Non si vedono cecchini o potenziali vittime. L'aggressività che ne risulta è, per questo, ancora più terribile. Niente può temperare la provocazione: non un facile psicologismo, né un umanitarismo sospetto. Solo il testo evoca i soldati, riferendosi al coraggio degli eroi – un testo vuoto quanto le giustificazioni della violenza che vengono dai "corrispondenti dal fronte". Non c'è spazio, invece, per le eventuali vittime, che non rientrano, come del resto non sono mai rientrate, nell'immagine della violenza trionfante. Concentrando gli elementi artificiali – colori squillanti e sistematizzazione formale – e spingendoli fino alle estreme conseguenze, Lichtenstein lascia che il reale invada il mondo della finzione attraverso l'immaginazione. Così facendo trasmette anche l'idea delle effettive conseguenze di un'esplosione di violenza, benché tutto succeda nell'immaginazione dello spettatore, come violenza di una forma d'arte.

Takka Takka, 1962
Magna su tela, 173 x 143 cm
Colonia, Museum Ludwig

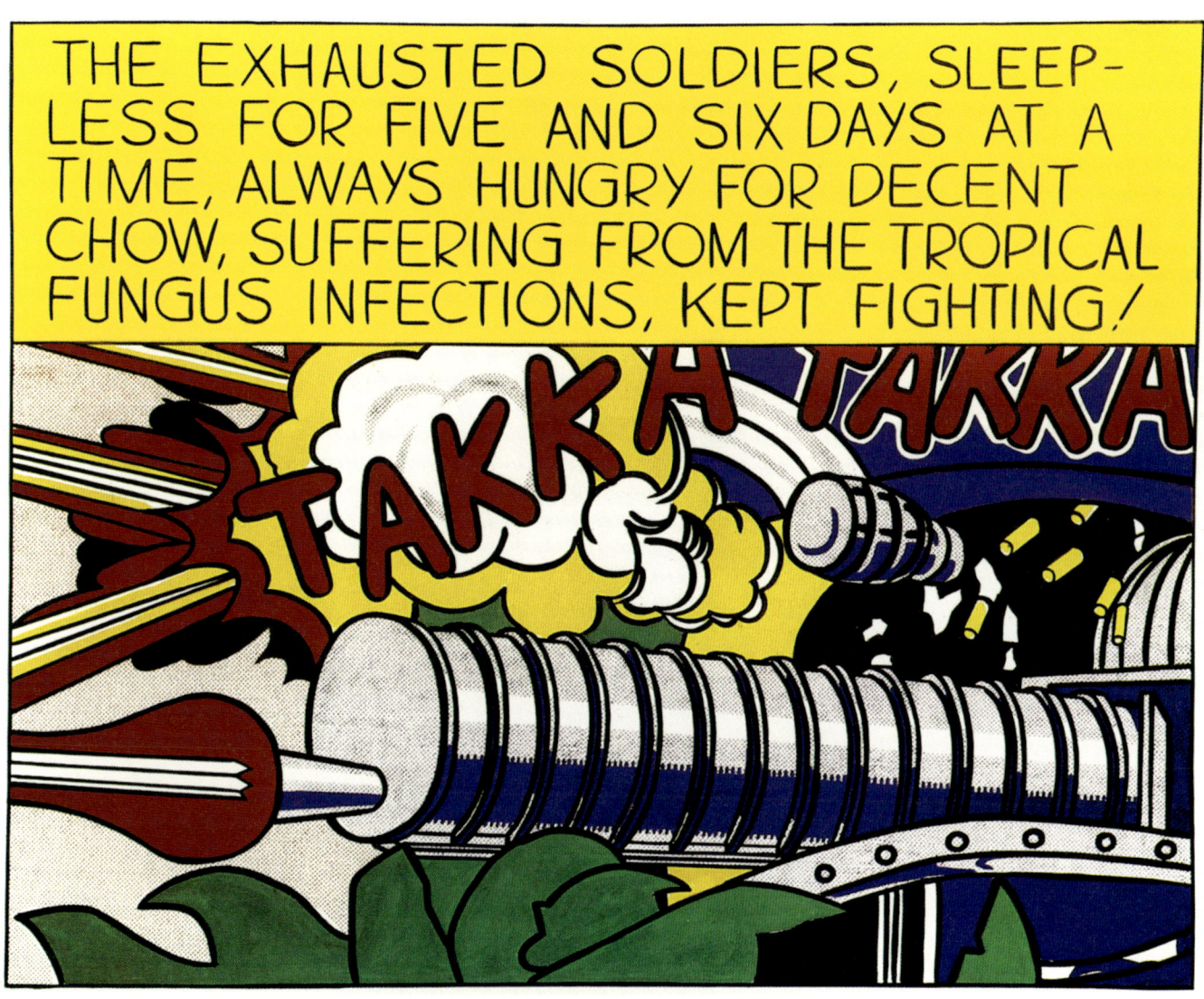

Roy Lichtenstein
M-Maybe, 1965

Nel corso di un'intervista con John Coplans, critico d'arte e curatore di allestimenti musei poi diventato fotografo, l'artista raccontò che ad aver risvegliato in maniera profonda il suo interesse per il fumetto era stato il contrasto tra il contenuto, altamente emotivo, e la modalità di rappresentazione, caratterizzata da una freddezza distaccata. Lichtenstein è riuscito a mettere in scena una simile antinomia con grande virtuosismo, specialmente nei numerosi quadri di giovani donne, elettrici e vibranti, che realizzò nei primi anni '60. Una bella ragazza bionda dagli occhi azzurri e dall'aspetto pensieroso potrebbe osservare chi a sua volta guarda il quadro, ma i suoi occhi sono vacui e introspettivi. Con la testa appoggiata alla mano sinistra guantata – rappresentazione tradizionale della malinconia – si chiede con apprensione, come indica il testo del fumetto, perché sia stata lasciata ad aspettare. Chiaramente, un uomo non si è presentato all'appuntamento. La situazione è familiare al punto che lo spettatore prova un'immediata compassione. Identificarsi con la ragazza è tutt'altro che difficile. Chi non la capirebbe? Quanto abbiamo detto fin qui reggerebbe se l'artista non usasse un metodo di rappresentazione standardizzato: così facendo, sottrae la presunta vittima alla risposta e la fa oscillare in un'indefinibile atmosfera di distanza, di fronte alla quale la possibile compassione sembra diventare una forma particolare di ipocrisia. Il rapporto tra immagine e spettatore appare improvvisamente doppio. All'artificialità del linguaggio pittorico corrisponde lo stereotipo dell'immagine della donna di cui Lichtenstein ha trovato il modello in un fumetto. Lo stesso accade con i sentimenti facili che il quadro deve provocare negli spettatori, che si trovano a ricoprire il ruolo involontario di cani di Pavlov. L'artista si muove con maestria nella breccia che separa la coscienza individuale dal mondo esterno. Supera gli stereotipi del fumetto grazie all'effetto elementare della propria tecnica pittorica: colori primari, contrasti marcati e disegno pregnante, in grado di concentrare le forme isolate. In questo modo ottimizza, per così dire, l'estetica popolare. Roy Lichtenstein, infatti, ha sottolineato più volte l'intenzione di migliorare l'estetica volgare del fumetto. Inizialmente riprodusse il modello su tela utilizzando un proiettore per diapositive e stabilendo così un'analogia immediata tra produzione meccanica e affettività triviale. Coprì inoltre il volto della ragazza con un mare di puntini colorati, reliquie delle trame di pixel degli originali stampati, che perdono la funzione tradizionalmente svolta per diventare a loro volta, grazie alla trasformazione creativa dell'artista, valori estetici in sé.

M-Maybe, 1965
Magna su tela, 152 x 152 cm
Colonia, Museum Ludwig

Roy Lichtenstein
Yellow and Green Brushstrokes, 1966

Ogni forma di pittura nasce da una moltitudine di pennellate. La maniera di tracciarle è tutt'altro che indifferente, poiché è proprio questa che determina la qualità visiva dei motivi che dalla loro somma prendono corpo. Che i motivi siano astratti o figurativi, poco importa. È la procedura a decidere l'effetto del quadro completo. Quando l'arte iniziò il processo di individualizzazione e la visione del pittore cominciò ad assumere un peso crescente nel giudizio artistico, spostando in secondo piano il soggetto in sé, si scoprì l'aspetto psicologico del lavoro di pennello, che venne sempre più percepito come una notazione dello stato soggettivo dell'artista durante il processo creativo. Le tendenze espressioniste hanno dato un impulso decisivo a questo sviluppo. In molti sono addirittura dell'avviso che, nelle formule astratte della pittura espressionista, la fattura manifestava uno psicogramma completo. Nella serie dei *Brushstrokes* ("pennellate"), Lichtenstein si lascia andare a commenti ironici sul culto eccessivo del gesto nell'Espressionismo astratto, quello dei quadri di Jackson Pollock, per esempio. Così facendo, distrugge anche le fondamenta dell'idea che l'arte moderna ha di sé, basata sull'originalità artistica e sul carattere unico dell'opera d'arte. Lichtenstein isola la pennellata dal contesto pittorico, la ingrandisce, la semplifica attraverso la proiezione e traduce il risultato ottenuto nel linguaggio

Yellow and Green Brushstrokes, 1966
Olio e magna su tela, 215 x 460 cm
Francoforte, Museum für Moderne Kunst

standardizzato del fumetto, un linguaggio specializzato nella produzione in serie della stampa. *Yellow and Green Brushstrokes* raffigura due grandi colpi di pennello morbido sovrapposti e vari schizzi di colore. All'apparente semplicità formale del quadro si contrappone la complessità reale della struttura. La tela fa parte di una serie di opere che trattano lo stesso tema. La prima versione aveva ancora come modello un vero fumetto, mentre tutte le variazioni successive sono il frutto di lunghe ricerche, di un laborioso processo di scoperta e di invenzione volto a raggiungere la forma desiderata. Quella che, di primo acchito, appare una composizione spontanea, quasi aleatoria nella sua dinamica affascinante, è il risultato di un processo meccanizzato, studiato a lungo. Tuttavia, i quadri della serie possono dirsi veramente conclusi solamente dopo la stampa serigrafica, poiché è proprio la serigrafia che riproduce il simbolo dell'individualità. In queste opere, Roy Lichtenstein pone la questione della differenza tra marchio commerciale e stile artistico. Non c'è dubbio che la serie dei *Brushstrokes* riduca a livelli minimi questa stessa differenza, arrivando ad annullarla. Che cosa, infatti, può differenziare un segno distintivo che ritorna incessantemente nel lavoro di un artista da un simbolo standardizzato della produzione industriale?

Claes Oldenburg
Pastry Case I, 1961/62

* 1929 a Stoccolma, Svezia
† 2022 a New York, USA

Oldenburg ha sempre rifiutato le interpretazioni troppo complicate della sua opera. "Gli alimenti", scriveva a proposito della sua raccolta di dolciumi in una vetrinetta, "sono evidentemente non commestibili. Un piccolo ragionamento basta a capire che si tratta di imitazioni, di oggetti d'arte che rimandano a se stessi invece di servire a qualcosa". Claes Oldenburg ha modellato col gesso nove dolcetti tipici e di consumo corrente – per esempio, una torta di mirtilli, qualche pallina di gelato, una mela ricoperta di glassa o una banana split – e li ha presentati su piatti o vassoi: sono dolci piuttosto tradizionali, che vengono presentati come "fatti in casa", quando si tratta in realtà, nella maggior parte dei casi, di prodotti industriali. Nel caso specifico, gli oggetti sono effettivamente "fatti a mano" dall'artista stesso, con tela di sacco o mussola intinta nel gesso, tesa su un telaio metallico e colorata. La differenza rispetto agli originali salta agli occhi. Gli oggetti non mirano a una somiglianza estrema, né nella forma né nel colore, contrariamente ai modelli in cera, illusori al massimo grado, che si possono trovare nelle vetrine dei ristoranti giapponesi. L'artista sembra piuttosto intenzionato a evocare su un registro parodistico la pittura e la scultura espressioniste, ma pare anche alludere alla grande tradizione della natura morta olandese: le sue fastose rappresentazioni di pollame, pesce, insaccati, verdura e frutta celebravano il godimento, ma anche il talento dei pittori, e la loro opulenza dimostrativa metteva in luce la gioia di vivere dei mecenati, producendo allo stesso tempo un leggero effetto di *memento mori*. È Oldenburg stesso, tuttavia, a metterci in guardia con humour pungente da un'attenzione eccessiva a questo aspetto: "Sono per un'arte delle banane che qualcuno ha spiaccato sedendocisi sopra". *Pastry Case I* è un importante documento degli annali della Pop Art. Si tratta della seconda versione di un'opera esposta alla leggendaria mostra "The Store", organizzata nel 1962 alla Green Gallery di Manhattan. Il mercante d'arte Sidney Janis la comprò poco tempo dopo per 324,98 dollari e la presentò nella celebre esposizione "New Realists", inaugurata il 1° novembre dello stesso anno. L'esibizione riuniva artisti americani ed europei del calibro di Lichtenstein, Oldenburg, Warhol, Klein, Arman e Niki de Saint Phalle. Un'opinione generalmente condivisa ritiene che fu proprio questo evento a consacrare definitivamente l'ascesa della Pop Art sulla scena internazionale.

Pastry Case I, 1961/62
Smalto su nove sculture in gesso,
52,7 x 76,5 x 37,3 cm
New York, The Museum of Modern Art,
Collezione Sidney e Harriet Janis

Claes Oldenburg
Soft Washstand, 1965

Soft Washstand, 1965
Lino, kapok, vernice e legno,
137 x 88 x 55 cm
Colonia, Museum Ludwig

Tra le associazioni suggerite dal titolo e l'oggetto avvilente che lo spettatore osserva, c'è spazio per tutto un mondo. Chiunque tralasci di leggere le indicazioni fornite sulla natura del soggetto, deve fare appello alla fantasia per capire che cosa rappresenti. A partire da materiali come lino, legno, kapok – un'imbottitura vegetale – e vernice, l'artista ha ricreato un oggetto usuale destinato all'igiene personale, fabbricato normalmente in porcellana, plastica rigida e metallo: un lavandino. Ciò che lo spettatore ha di fronte non è un corpo compatto, brillante, dai contorni definiti e dalla consistenza solida, ma una forma fiacca, poco attraente, che sarebbe difficilmente in grado di trattenere l'acqua, se pure la si volesse riempire. Solamente la rubinetteria – nonostante sia realizzata in legno e non in metallo – sembra maneggevole e funzionale. L'enunciato del titolo precisa che questa scultura molle è una versione in tessuto. Effettivamente ne esistono altre, per esempio in vinile o in compensato dipinto. Pur avendo preso come modello un articolo tra i più conosciuti, per di più espressione della civiltà moderna, Claes Oldenburg non cercava di avanzare, con la propria imitazione falsamente imperfetta, una qualche tesi culturale o sociale: il suo obiettivo era invece quello di creare un oggetto artistico che dovesse la propria funzione unicamente allo statuto di opera d'arte. Questo potrebbe essere il punto di partenza per spiegare la divergenza tra il titolo e la funzione dell'opera. Mentre l'aggettivo caratterizza in maniera pertinente l'essenza dell'oggetto, il sostantivo la manca completamente, perché dà l'impressione che quest'ultimo svolga una funzione pratica. La contraddizione che impregna questo lavoro è già evidente a livello semantico. Un lavandino molle non può, evidentemente, svolgere la funzione assegnatagli, allo stesso modo in cui l'opera d'arte non può svolgere una funzione pratica. Niente di strano, quindi, se Oldenburg è considerato un precursore dell'arte concettuale. Detto questo, le sue opere si avvicinano a una forma artistica che va oltre l'Avanguardia, poiché puntano a confondere le sensazioni: il rigido si fa molle, il solido diventa fluido. Una tendenza consolidata dai suoi disegni quasi classici. Oltre agli oggetti di uso comune, i generi alimentari costituiscono la principale fonte di ispirazione per l'artista, che ha mosso i primi passi nell'ambito degli happening, in veste di organizzatore o partecipante.

Floor Burger, 1962
Tela riempita di schiuma di gomma
e scatole di cartone, dipinta con lattice,
132 x 213 cm
Toronto, Art Gallery of Ontario

Claes Oldenburg
Giant Fagends, 1967

Evidentemente Oldenburg amava molto svelare i tratti più mostruosi della vita quotidiana, per esempio quelli degli oggetti ordinari e dei beni di consumo corrente. Per i suoi scopi utilizzava un numero vario ma limitato di espedienti estetici: o rimpiazzava la sostanza originale con un'altra, preferibilmente bizzarra, oppure ingrandiva gli oggetti in maniera sproporzionata, infliggendo inevitabilmente una deformazione al materiale. Gli alimenti rivelano la loro reale natura di oggetti di gesso, i sanitari si svelano nella loro mollezza, gli attrezzi domestici diventano strumenti per giganti. I mozziconi schiacciati di *Giant Fagends*, che l'artista ha modellato in schiuma di uretano, si ammucchiano su un immenso basamento poligonale tagliato diagonalmente, la cui base misura 2,4 x 2,4 metri. Modificate nella forma e nella struttura, le sigarette non sono più semplici elementi inseriti in un banale contesto di consumo, ma riescono a diventare culturalmente contraddittorie grazie a un espositore nobilitante. Messo di fronte all'oggetto, lo spettatore non lo riconosce immediatamente come la copia ingrandita di un portacenere pieno. Al primo impatto il colore, che va dal bianco al bruno-nero passando per l'ocra, non evoca nemmeno un mucchio di rifiuti; al contrario, ha una tonalità sottile, quasi elegiaca ed elegante. Ne risulta un contrasto singolare con il soggetto trattato. La perfezione plastica dell'oggetto non corrisponde alla sensazione che associamo normalmente ai mozziconi maleodoranti e alla cenere. L'antinomia tra essenza e apparenza è ad ogni modo un elisir di lunga vita per le opere di Oldenburg. Materiale e funzione sono distanti quanto forma e contenuto. In questa incongruenza appare anche la contraddittorietà della civiltà moderna, che trasforma i valori spirituali e artistici in beni di consumo a buon mercato. Quanto a Oldenburg, egli trasforma la trivialità in arte. Da questo punto di vista, è assimilabile ai grandi maestri della natura morta olandese del XVII secolo, in quanto rivela l'aspetto esteriore anche se sullo sfondo di mutate condizioni sociali. Per quanto riguarda invece lo stile e la concezione artistica, Oldenburg è più vicino alla tradizione classica che a quella del XX secolo. Nello stesso tempo, rafforza la sensazione che l'eredità della produzione artistica del passato riviva nel moderno mondo della pubblicità, seppure talvolta in forma degenerata, piuttosto che nelle manifestazioni successive all'Avanguardia.

Giant Fagends, 1967
Tela, schiuma di uretano e filo metallico verniciati con idropittura in un "posacenere" in legno coperto di formica,
132 x 244 x 244 cm
New York, Whitney Museum of American Art, acquisito attraverso il Fondo Friends of the Whitney Museum of American Art

Peter Phillips
Lions Versus Eagles, 1962

* 1939 a Birmingham,
Gran Bretagna

Nonostante Phillips sia considerato il più americano degli artisti pop britannici, la tradizione europea ha costituito un inesauribile campo di riferimento per le sue opere. L'artista afferma che le sue fonti vanno cercate percorrendo a ritroso la storia fino a epoche lontane, precedenti addirittura alla rivoluzione rinascimentale. "I miei quadri sono associazioni di fattori spaziali, iconografici e tecnici che agiscono di comune intento in un motivo. Nella pittura prerinascimentale è presente una scenografia complessa, con un'immagine centrale e altre scene che si riferiscono a questa pur raccontando, a loro volta, una storia o una visione." La spiegazione che Phillips dà delle proprie opere è sorprendente, se si considera la disposizione formale del linguaggio dei segni, segni che utilizza di preferenza unendoli ad altri, come fa qui collocando in uno stesso contesto visivo due figure mitologiche, il leone e l'aquila. Il suo linguaggio pittorico, infatti, attinge apertamente alla fonte della cultura popolare: il carattere stereotipato della rappresentazione, il disegno e il colore non lasciano alcun dubbio in proposito. Ma, d'altro canto, Phillips ha disposto gli elementi del quadro secondo le modalità usate dai pittori medievali per raccontare le Sacre Scritture, in piani isolati che si intersecano sui bordi. Al centro della tela si trova un medaglione che rappresenta due teste di leone. Sul fondo verde scuro, un'aquila dalle grandi ali spiegate si avvicina. Quello rappresentato è probabilmente l'incontro di marchi dell'industria che si rifanno volutamente al senso mitologico delle figure animali per esprimere il coraggio e la forza. Il ruolo della mitologia non è più, oggi, quello di spiegare il mondo, ma di contribuire alla creazione di un'immagine di marca per i prodotti commerciali. L'insieme è coronato da raggi dipinti in maniera schematica, in un'alternanza di giallo e rosso, e da due dischi bucati rinchiusi in altrettanti triangoli; nella parte inferiore del quadro si possono vedere due stelle, una gialla e una nera su fondo bianco, sulle quali appare la scritta STAR. Il dipinto dà un'impressione di astrazione nonostante le forme figurative. Benché sia realizzato come un piano di costruzione, gli oggetti raffigurati non hanno rapporti tra loro. La loro plausibilità estetica deriva unicamente dalla sistemazione, dalla duplicazione e dalle corrispondenze formali. In *Lions Versus Eagles* – notiamo che il titolo inverte il numero effettivo degli animali – prende vita una sorta di modello ottico integrativo della narrazione: un modello in cui la dimensione del contenuto non risulta da una sequenza di immagini, ma dalla compenetrazione di impressioni visive eterogenee.

Lions Versus Eagles, 1962
Olio su tela, 213 x 153 cm
Gand, Stedelijk Museum
voor Actuele Kunst

Peter Phillips
Custom Painting No. 5, 1965

Il formato spettacolare del quadro segnala immediatamente che il pittore cercava di replicare il metodo di funzionamento dei mass media. Il cinema tentava di resistere all'acerrima concorrenza della televisione e di ritardare il proprio declino proponendo schermi di dimensioni sempre maggiori. Nel dipinto, Phillips riprende gli effetti dello schermo cinematografico: lo spettatore riceve un cumulo di impressioni visive eterogenee e il puzzle di forme vorticose sembra voler rendere il fragoroso sonoro del film. Ma l'esecuzione temporale non è la dimensione che definisce l'unità ottica. Il pittore britannico giustappone vari livelli all'interno dell'immagine: i diversi segmenti sono posti infatti uno dopo l'altro sulla superficie bidimensionale della pittura, le cui leggi rendono plausibile il quadro. Tuttavia, nell'angolo sinistro, la scarpa di una pin-up nuda, disposta diagonalmente con la testa rivolta in basso, rompe l'integrità della superficie rettangolare e accentua il carattere oggettuale della tela. Lo sguardo obliquo della pin-up da calendario sfiora quello dello spettatore quasi per caso. A lato, oggetti di ogni genere sono affiancati in una dinamica infernale: una turbina aperta, la griglia anteriore di una grossa macchina americana, il disegno tecnico di una candela di accensione. Sono presenti, inoltre, un ottagono color arancio, un nastro di inchiostro arrotondato nei colori complementari rosso/verde, una linea viola a zigzag e un quadrato a scacchi cangianti posto in un angolo. Tutto si ammucchia su un fondo in varie tonalità di giallo. Nei motivi, elementi bidimensionali ed elementi plastici si amalgamano, ad eccezione della pin-up, il cui corpo mostra tutti i volumi necessari a uno splendido illusionismo, simile a quello creato dagli illustratori professionisti: la testa e il tronco in un bianco e nero fotografico, le belle gambe rosse e bianche. Il puzzle dei motivi e il loro incastro nello stile del montaggio ricordano l'immaginario del flipper, mentre il contrasto dato dai colori complementari rosso/verde, viola/arancio e blu/giallo simula i suoi segnali luminosi. Divertimento, sesso, tecnica: tutti i tratti distintivi della società di consumo si ritrovano in questo quadro dinamico e meccanico. Durante i suoi studi al Royal College di Londra, Phillips incontrò Allen Jones, con il quale in seguito intraprese un viaggio attraverso gli Stati Uniti. Si legò anche a Boshier, Caulfield e Hockney, e il gruppo così creato formò la terza falange – la più conosciuta – della Pop Art inglese.

Custom Painting No. 5, 1965
Olio su tela, 175 x 300 cm
Collezione privata

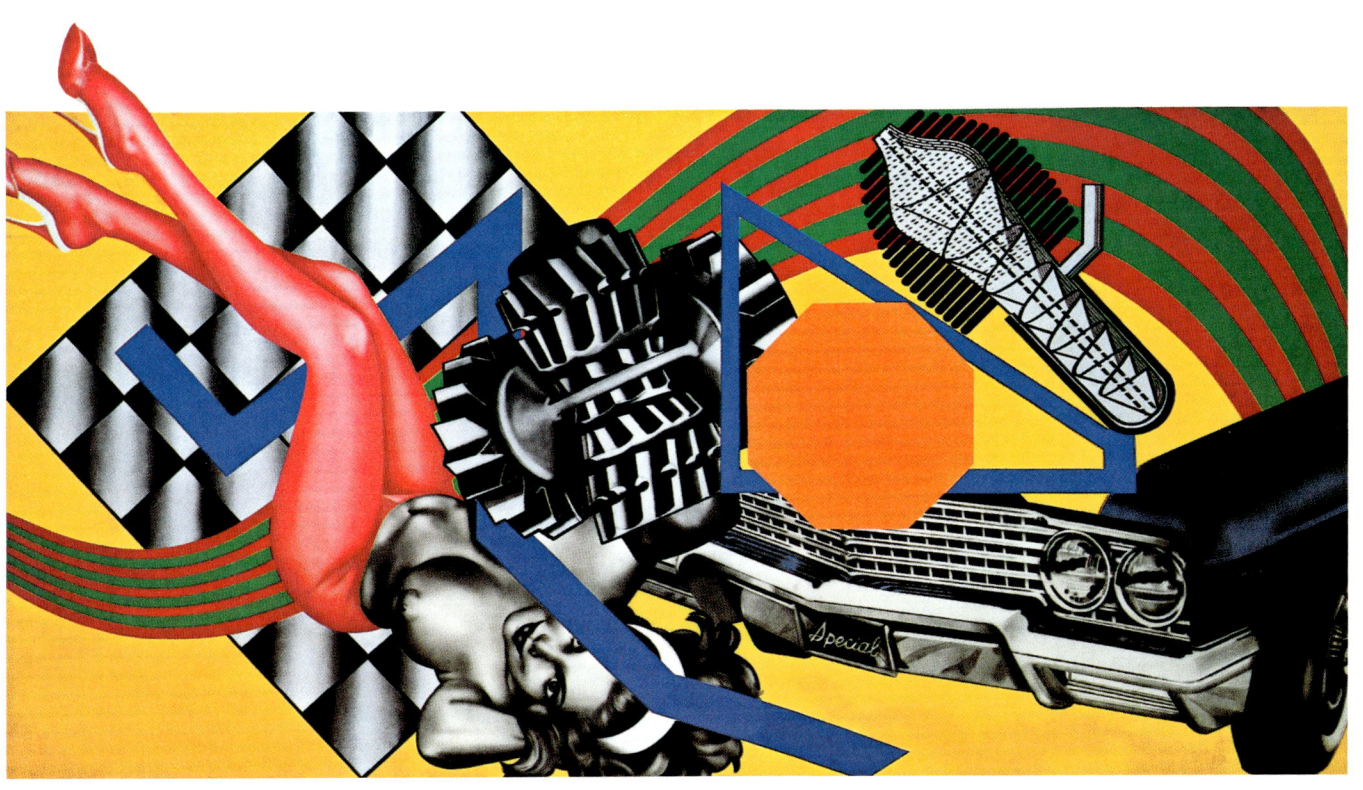

Mel Ramos
Velveeta, 1965

* 1935 a Sacramento, California, USA
† 2018 a Oakland, California

Il nome pin-up deriva dalla loro natura di illustrazioni appese negli armadietti degli operai e dei soldati e nelle cabine dei camionisti, oggetti che vorrebbero compensare in qualche modo la tristezza del quotidiano. I loro modelli sono forniti dalla fotografia. Anche la carriera di Marilyn Monroe cominciò così. La clientela delle pin-up è in larga parte di sesso maschile e piccolo-borghese. Uno degli stereotipi del genere presenta ragazze che esibiscono uno sguardo seducente, la bocca dischiusa e lasciva, gambe lunghe eseni generosi; il loro contraltare è rappresentato dalla ragazza apparentemente timida che, come sorpresa dallo sguardo indiscreto della macchina fotografica, nasconde la propria nudità. Entrambi i tipi fanno parte dell'immaginario sessuale dell'uomo, concepiti appositamente per il mondo maschile. Nella gerarchia delle arti figurative, le foto di pin-up sono poste ancora più in basso dei fumetti sentimentali e di guerra, fonti di ispirazione di Lichtenstein, o delle etichette di confezioni di detersivo e delle scatolette di zuppa che Warhol riproduceva più volte sulla stessa tela. Anch'esse finirono, comunque, per imporsi come soggetti della Pop Art. Fu un pittore californiano ad aprire loro le porte dei musei: Mel Ramos, che rappresenta, con Ruscha e Thiebaud, la scuola californiana della Pop Art, ed è animato dallo stesso atteggiamento radicale di Ruscha e Warhol. Per lui non esiste, a priori, alcuna differenza estetica tra l'arte triviale e la cosiddetta arte nobile. Allo stesso modo, non pone barriere tra l'arte commerciale e quella non commerciale. Inizialmente Ramos dipinge, come Warhol, eroi dei fumetti, per esempio Batman; trova poi un percorso personale, ispirato al mondo delle pin-up delle riviste e dei calendari. Grazie ai suoi quadri, l'erotismo ricompare nelle sfere dell'arte dopo un lungo periodo di astinenza dovuto all'Astrattismo. All'alba della rivoluzione sessuale il piacere, che la pubblicità impara a utilizzare per "piazzare la merce", conosce una rinascita sotto forma di un erotismo asettico. In *Velveeta*, una confezione di formaggio spalmabile fa da piedistallo a una ragazza giovane e slanciata, che indossa il suo abito più semplice. La ragazza evoca, nella forma di rappresentazione, un nudo di Antonio Canova, mostrando una schiena delicata e il volto indirizzato verso lo spettatore per offrirgli un sorriso languido. La forma e l'imitazione perfetta del marchio del prodotto possiedono lo stesso valore estetico del corpo liscio della donna, che scopre le fossette lombari. L'amalgama di elementi disparati dà luogo a un contesto relazionale assurdo, dall'aroma leggermente surreale, ed emana un messaggio subliminale insipido e cinico: la felicità si può trovare solamente nel consumo di succedanei come le pin-up o le leccornie di produzione industriale.

Velveeta, 1965
Olio su tela, 152 x 178 cm
New York, Collezione Louis K. Meisel

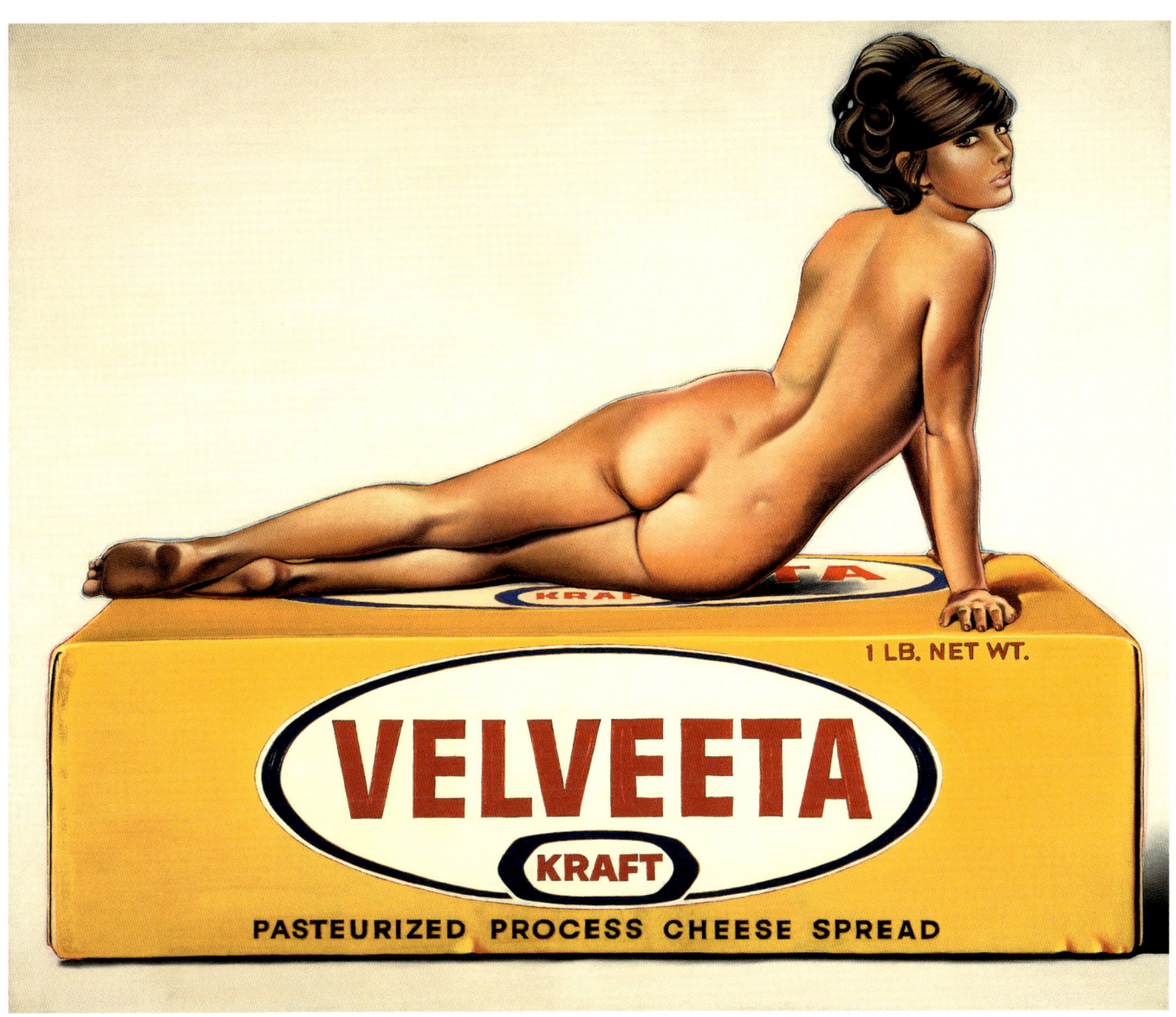

Robert Rauschenberg
Black Market, 1961

* 1925 a Port Arthur, Texas, USA
† 2008 a Captiva Island, Florida, USA

Uno spago è fissato all'estremità del cartello con la scritta "One Way", e collega il quadro appeso al muro a una cassa di legno scuro appoggiata al suolo, sulla quale compare la parola "OPEN". Rauschenberg aveva dichiarato che "la pittura intrattiene rapporti con la vita e con l'arte" e aveva occupato la breccia che le separa. Lo spago simboleggia forse l'atteggiamento del pittore, che associa elementi eterogenei in maniera fattuale e simbolica. L'artista ha fissato sulla superficie della tela alcuni utensili di uso quotidiano in una disposizione estetica carica di tensione. Al centro esatto sono appesi quattro bloc-notes con la copertina in metallo dipinto, disposti orizzontalmente. Rivaleggiano con il dipinto e l'iscrizione che segnala una strada a senso unico nel tentativo di attirare l'attenzione. A un altro livello dell'immagine troviamo una fotografia del Campidoglio a Washington, una targa automobilistica e vari numeri e lettere, disseminati un po' ovunque. Parti dipinte con un gesto spontaneo li ricoprono parzialmente, li collegano e li accentuano, adempiendo alla stessa funzione che lo spago svolge per gli oggetti plastici. L'artista diede alla serie di quadri, miscugli di immagini dipinte e di oggetti leggibili, di cui fa parte anche *Black Market*, il nome pertinente di "combine paintings". Avvicinò nuovamente l'arte alla realtà, quell'arte che sotto l'egida di Clement Greenberg e della pittura astratta si era smarrita nelle sfere dell'assoluto e del sublime, inserendovi le categorie fisse della teoria estetica dell'Avanguardia. Il fatto che le sue opere non siano veri e propri dipinti, meno ancora sculture, ma la combinazione deliberata di entrambe le discipline, chiarisce le sue intenzioni artistiche. Molto legato al compositore John Cage e al ballerino Merce Cunningham, Rauschenberg, che era stato allievo di Josef Albers al Black Mountain College, organizzò e prese parte a importanti happening, prima di orientare le proprie ricerche sullo spazio e sulla superficie. Viene considerato uno dei grandi ispiratori della Pop Art. Nonostante alcuni dei suoi contenuti, per esempio le sfere della cultura della comunicazione e le lettere, siano stati ripresi in seguito dalla Pop Art, il suo obiettivo non è lo stesso: invece di concentrare la propria attenzione sugli aspetti "glamour" della società urbanizzata, Rauschenberg lavora sugli scarti, su oggetti che hanno ormai perduto prestigio e splendore. I suoi quadri conferiscono al banale una nuova dignità intrisa di patetismo, e, a posteriori, sembrano mostrare un maggior grado di affinità con l'Espressionismo astratto che con la Pop Art.

Black Market, 1961
Tela, legno, metallo e olio, 152 x 127 cm
Colonia, Museum Ludwig

James Rosenquist
Untitled (Joan Crawford), 1964

* 1933 a Grand Forks, North Dakota, USA
† 2017 a New York, USA

La reputazione della grande star del cinema è stata rovinata dalla figlia, autrice di un libro che presenta l'attrice, con dovizia di dettagli, come una "madre snaturata". Joan Crawford avrebbe sacrificato la propria vita privata e familiare alla carriera. L'attrice aveva spesso interpretato ruoli di donne forti, risolute e in carriera, in una strana simbiosi tra arte e vita, per trent'anni, prima che Rosenquist ne facesse il ritratto. Ma con un ritratto il quadro ha ben poco in comune: prende ispirazione da un'illustrazione pubblicitaria, probabilmente eseguita a sua volta a partire da una fotografia. I tratti salienti del viso di Joan Crawford sono fissati sulla tela in una posa quasi caricaturale: i grandi occhi aperti incorniciati da sopracciglia depilate e lunghe ciglia inspessite dal mascara, la bocca rosso vivo fissata in un sorriso meccanico simile a una smorfia e la capigliatura ondulata ne fanno una maschera, che guarda oltre lo spettatore. Il dipinto non indica quale sia il prodotto che l'attrice pubblicizza. Si tratta, ad ogni modo, di qualcosa di "delicato". James Rosenquist ha tagliato la parte rossa sulla destra: quella che nel modello portava il messaggio informativo. Solo la sigaretta, anche questa parzialmente eliminata, permette di avanzare qualche supposizione. Rosenquist ha privato la pubblicità del suo impatto, del suo messaggio e della sua funzione, trasformandola inopinatamente in un fenomeno puramente estetico, un montaggio composto da caratteri di diversi tipi, positivi e negativi, in un autografo brillante come un manifesto e dai colori finemente graduati, che andrebbero bene per una pubblicità di saponi. Diversi toni di rosso e ocra emergono da un fondo a righe grigie e verdi dando origine alla scenografia cromatica della rappresentazione. La tela fa sicuramente da pendant ai famosi dipinti di Warhol dedicati a Marilyn Monroe. L'unica differenza è nella modalità di rappresentazione e di narrazione, qui più minuziosa. Il modello stesso ne costituisce la ragione: nell'arte, a differenza di Marylin, la Crawford non riuscì a trasformarsi in icona. Al cinema, invece, entrambe sono riuscite a scalare l'Olimpo delle star. Il modello appartiene a un periodo anteriore: l'ultimo successo dell'attrice – *Che fine ha fatto Baby Jane?* (1962) di Robert Aldrich, con Bette Davis nel ruolo della rivale – era già vecchio di due anni quando James Rosenquist dipinse il quadro. Nel frattempo, Joan Crawford si era data all'alcool. La sua storia personale non è mai stata fabbricata da altri, ne era lei stessa l'autrice. La Crawford incarnava perfettamente il tipo della donna emancipata, tanto nella finzione quanto nella vita reale. Il quadro, non essendo un ritratto, dice molto di più sui meccanismi dell'industria culturale che trasforma gli individui in immagini, che sulla psicologia del personaggio.

Untitled (Joan Crawford), 1964
Olio su tela, 242 x 196 cm
Colonia, Museum Ludwig

Edward Ruscha
Standard Station, 1966

* 1937 a Omaha, Nebraska, USA

Quando decide di abbandonare Oklahoma City per trasferirsi a Los Angeles, Ed Ruscha è fermamente intenzionato a seguire studi che lo portino a intraprendere una carriera nell'arte commerciale. Si iscrive al Chouinard Art Institute, un vivaio di giovani talenti da cui sono usciti diversi illustratori per Walt Disney, ma dove hanno insegnato anche artisti come Robert Irwin e Billy A. Bengston. Impressionato da un quadro-bersaglio di Jasper Johns che scopre sulla rivista *Print*, Ruscha si orienta verso le belle arti. Il cambio di rotta non gli impedisce di trarre i propri motivi dall'universo che l'aveva fino ad allora interessato e di trasportare i metodi e i procedimenti di rappresentazione delle merci prodotte in serie e standardizzate della cultura popolare nel campo dell'arte nobile. Ruscha è, con Warhol, l'artista pop più tipico. I due hanno in comune ben più di qualche semplice affinità formale. *Standard Station* è la somma delle stazioni di servizio della Route 66 che unisce la città natale dell'artista al cuore dell'industria del divertimento. Durante i numerosi viaggi su questa strada, Ruscha ne immortala le stazioni di servizio in uno stile realista e senza ritocchi e pubblica le ventisei fotografie in bianco e nero in un piccolo volume intitolato *Twentysix Gasoline Stations*, stampato in quattrocento esemplari. Spiega che l'idea del titolo gli è stata suggerita da un gioco di parole e soprattutto dall'associazione tra il numero "twentysix" e la parola "gasoline". Ruscha è l'unico artista pop che abbia utilizzato la fotografia senza piegarla alle proprie necessità e nella forma più adatta a questo medium: il libro illustrato. Una tecnica di riproduzione meccanica gli ha permesso, inoltre, di stampare a colori sulla tela la scritta "Standard Station". La parola "standard" assume, nella sua opera, un doppio significato: si riferisce sia agli oggetti rappresentati e al loro carattere industriale sia all'arte contemporanea. Aleggia simile al nome di una compagnia petrolifera sul tetto di una stazione di servizio standardizzata e di cinque pompe non meno banali, dipinte in un uniforme colore rosso. I contorni definiti dello scenario architettonico contrastano in modo sorprendente con la delicatezza del passaggio dall'orizzonte al cielo. Questi ultimi fanno parte delle tendenze standard più abituali della pittura tradizionale. L'artista condensa con metodi semplici i luoghi comuni visivi dell'universo quotidiano e i cliché dell'arte in un'esemplare immagine pop di alto livello tecnico.

Standard Station, 1966
Serigrafia, 49,6 x 93,8 cm
New York, The Museum of Modern
Art, John B. Turner Fund

Edward Ruscha
Hollywood, 1968

Anche se i miti si negano alla rappresentazione delle arti visive, può succedere che si cristallizzino su certe immagini, o che le creino: ne sono un esempio le icone, che secondo la credenza popolare erano investite della presenza quasi fisica della persona rappresentata, o i film, con il loro potere soggiogante. I miti antichi sono reminiscenze collettive dell'epoca che precede la scrittura e appartengono al regno della narrazione orale. I miti moderni sono fabbricati collettivamente e su scala industriale. Possono riguardare prodotti industriali, automobili, barche, ferrovie, luoghi e regioni, oppure, in misura ancora maggiore, il cinema, la "fabbrica dei sogni", come veniva chiamato un tempo. Alcune star hanno raggiunto lo status di mito: Greta Garbo, Gloria Swanson, Marlene Dietrich, Humphrey Bogart, Ava Gardner, Marlon Brando, James Dean e Marilyn Monroe. Tuttavia, la maggior parte delle stelle di Hollywood non andava oltre il rango di idolo. La Pop Art è l'espressione artistica che ha prestato maggiore attenzione ai miti moderni. Warhol ha portato alla gloria Marilyn Monroe, Wesselmann e Rosenquist hanno fatto lo stesso con il Maggiolino Volkswagen, battezzato "Beetle" proprio dagli americani. Ruscha, che vive nei dintorni di Hollywood, ha deciso di trasporre in immagini il mito della metropoli del cinema, in più versioni. Dipingendo il marchio di uno dei grandi "studios", come la 20th

Hollywood, 1968
Serigrafia, tiratura 100 esemplari,
44 x 114 cm
Collezione privata

Century Fox, o facendo apparire, alla luce del tramonto (o dell'alba), davanti a un orizzonte oscuro e leggermente vallonato, la parola HOLLYWOOD, termine vicino e distante allo stesso tempo, che fluttua come un'aura magica. Sui bordi superiori, le lettere sembrano prossime a eclissarsi e solo una fine ombreggiatura le distingue ancora dal firmamento di un chiarore abbagliante. L'artista è uno specialista della valenza pittorica delle lettere e delle parole onomatopeiche: grazie a una messa in scena raffinata dà loro un chiarore che non possiedono nella realtà. "Hollywood! Hollywood!" In presenza del quadro di Ruscha, si sussurra questo nome con rispetto particolare. *Hollywood*, litografia in uno stravagante formato cinemascope, custodisce tutti i sogni che vengono chiamati cinema. L'artista mette in moto l'immaginazione dello spettatore, in un senso che richiama teorie estetiche dimenticate da tempo. L'arte nasce dalla mente. Ruscha è considerato, non a caso, il padre spirituale dell'arte concettuale, e la sua opera continua a dimostrare che le differenze esistenti tra arte moderna e arte classica consistono perlopiù in semplici dettagli.

George Segal
Woman Washing her Feet in a Sink, 1964/65

* 1924 a New York, USA
† 2000 a South Brunswick,
New Jersey, USA

George Segal ha esordito come pittore. Dopo dieci anni, deluso dalle difficoltà con cui la pittura si scontrava nel tentativo di vendere la tridimensionalità, si è orientato verso la scultura. Ciò che lo ha spinto a cambiare disciplina artistica non permette in alcun modo di avanzare ipotesi sul genere di pittura che ha praticato. L'artista è rimasto fedele alle proprie convinzioni e ha mantenuto anche in ambito scultoreo un atteggiamento empirico. Sarebbe tuttavia errato farlo rientrare nella corrente che, soprattutto in Europa, è conosciuta con il nome di Realismo. Tanto più che anche il Realismo non è altro che una categoria artistica in cui incanalare la realtà. Segal, al contrario, si interessa più alla realtà vera e propria che alla sua espressione artistica. La sua concezione è fortemente impregnata del pragmatismo della cultura americana: "Ho creato uno spazio. Quello che punta a riempire lo spazio con un volume è ciò che viene definito scultura", ha spiegato. Non avrebbe potuto manifestare la propria intenzione in modo più chiaro e sobrio. La sua prima scultura risale al 1958. Anche *Woman Washing her Feet in a Sink* è uno dei suoi primi passi sulla strada della disciplina. L'opera presenta già tutte le caratteristiche della sua arte: la figura in gesso, lo spazio chiuso che ne delimita l'esistenza spaziale, gli oggetti concreti che la ancorano alla realtà. Invece di sottoporre gli elementi a una trasformazione artistica che segue un concetto di realtà prestabilito, Segal li mostra ponendoli in relazione con il personaggio femminile, l'unico soggetto che ha subito una trasformazione. La figura è stata creata sulla base di un modello reale, di cui l'artista ha preso un calco con l'ausilio di bende impregnate di gesso. Tuttavia, invece di utilizzare, come avrebbe richiesto la scultura tradizionale, il calco vuoto per ricavarne la forma definitiva, Segal attribuì a quest'ultimo (che altro non è, in effetti, che uno stadio provvisorio) il sigillo del completamento. Le tracce del processo di creazione sono quindi ancora visibili. Tra i personaggi in gesso e gli oggetti reali della sua scultura si sviluppa logicamente un sottile rapporto di tensione, paragonabile a quello che si stabilisce tra l'immagine fotografica e il suo motivo. Inoltre, si fissa nella memoria visiva la scena di una solitudine angosciosa, la scena di una donna di età indeterminata in un ambiente miserabile, colta mentre fa qualcosa che non interessa a nessuno. Un motivo inadatto ai *voyeur* e, per questa ragione, non fotogenico.

*Woman Washing her Feet
in a Sink*, 1964/65
Gesso, lavabo e sedia, altezza 158 cm
Colonia, Museum Ludwig

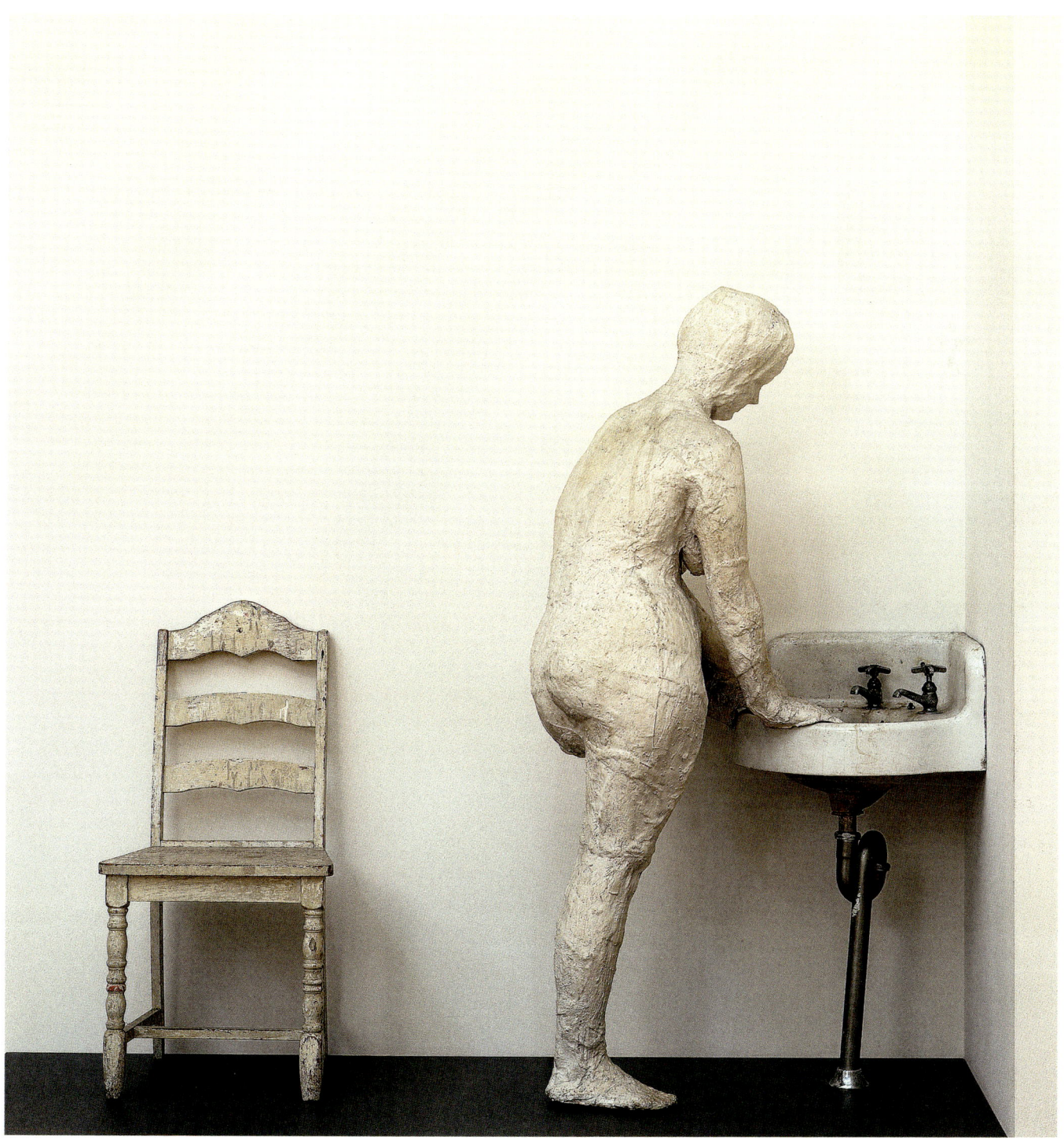

George Segal
The Restaurant Window I, 1967

Una donna sola è seduta a un tavolo vuoto, vicino alla finestra di un ristorante; con le mani sprofondate nelle tasche del soprabito, un uomo passa, immerso nei propri pensieri. Non è ancora passato davanti a lei, ma è poco probabile che, superandola, la noti, anche se la finestra assomiglia molto a una vetrina. Segal ha realizzato i due personaggi in gesso su modelli reali. Il resto della scenografia è composto, come sempre nella sua arte, da oggetti concreti: una finestra, un tavolo, una sedia. La scena mette i brividi. In un "momento decisivo", si fa strada la violenta smentita delle promesse di felicità e di realizzazione attraverso il consumo che la cultura commerciale porta con sé: viene messa in scena la solitudine lancinante dell'essere umano in un mondo chiassoso. Se l'opera presenta qualche legame con la Pop Art, è proprio per l'assenza dimostrativa delle caratteristiche di quest'ultima, di cui rappresenta in qualche modo la forma negativa o vuota. Segal è un corpo estraneo in seno al movimento. Si inserisce in una certa tradizione artistica tipicamente americana. Il riferimento al famoso quadro di Edward Hopper *I nottambuli* (1942), che rappresenta una scena analoga, di notte in un ristorante, è evidente. Segal ha semplicemente ridotto il numero di personaggi e ristretto l'ambiente circostante alla sua espressione più semplice. D'altro canto, il "diner" è una delle istituzioni americane per eccellenza. Non siamo di fronte a un ristorante di tipo europeo, ma americano: ristorante che è "drugstore", bar, "diner", drive-in. Luoghi che nel cinema hollywoodiano giocano un ruolo essenziale nei rapporti sociali. Paradossalmente, la via segaliana alla Pop Art presenta un legame sotterraneo con i media tecnici: per la maggior parte le sue opere possiedono, infatti, una struttura fotografica e sono in qualche modo materializzazioni di immagini riproducibili in massa di fotografi pretenziosi. Come la fotografia, le opere dell'artista fissano situazioni e relazioni tipiche e, a partire da questa materia condensata, sviluppano l'impulso a una storia che si svolge solo nella mente dello spettatore. Il suo sguardo è rivolto al lato oscuro di una società di consumo dalla felicità che si vorrebbe indistruttibile, a un'umanità che non può o non vuole cedere alle sue lusinghe, e che è l'antitesi di quel mondo che la pubblicità e le riviste hanno creato. Le opere di Segal sono anche una dimostrazione convincente del potere che l'arte ha di lasciare aperta la breccia che separa il mondo come lo si vorrebbe dal mondo com'è. Immaginiamo che una retrospettiva della sua opera potrebbe essere qualcosa di molto simile a un incubo.

The Restaurant Window I, 1967
Gesso, vetrina, legno, metallo, plexiglas,
lampade al neon, sedia e tavolo,
244 x 340 x 206 cm
Colonia, Museum Ludwig

Wayne Thiebaud
Cake Counter, 1963

* 1920 a Mesa, Arizona, USA
† 2021 a Sacramento, California, USA

Sembra la vetrina di una pasticceria: torte e dolci di ogni forma e dimensione si offrono allo sguardo e invitano lo spettatore a servirsi. Sull'espositore in alto sono allineate tre torte a più piani, decorate artisticamente e guarnite con uno spesso strato di panna, simili ai templi dei film in costume di Cecil B. De Mille. Dolci di dimensioni minori, dai colori più vivaci, sono presentati sull'espositore inferiore; alcuni sono stati affettati e mettono in mostra il proprio gustoso contenuto. I due espositori, tagliati da entrambi i lati dal bordo della tela, si prolungano al di fuori del campo pittorico. Ogni dolce ha il suo colore, che ne mette in luce le qualità particolari: in questo contesto il blu appare piuttosto curioso, ma per un pasticciere dotato di inventiva nulla è impossibile. La tonalità dominante del quadro è il crema, al quale si aggiungono il bruno saturo del cioccolato e il bianco della panna. Il dipinto potrebbe essere descritto utilizzando il gergo della gastronomia, poiché, in definitiva, restituisce tutta la sua ambiguità al "gusto", nozione caduta in disuso e che un tempo costituiva una categoria estetica. Risveglia nel subconscio quella fisicità e quel sapore che l'arte pittorica ha perso, riducendosi a mera attrattiva per gli occhi. Wayne Thiebaud rappresenta la scuola californiana della Pop Art. La superficie dei suoi quadri reca le tracce della loro creazione. Il lavoro di pennello è conservato. Il colore è steso in maniera né vistosa né anonima, ma non ha niente a che vedere con l'espressione soggettiva dell'Espressionismo astratto. Simula i dolci e le torte in due modi: attraverso l'imitazione (tono locale) e attraverso il suo particolare metodo di stesura. Quest'ultima gioca con un'accentuazione e un tono talvolta insistenti sulla qualità fisica dei motivi, sulla consistenza cremosa delle torte. La luce svolge un ruolo di primo piano, pari a quello degli oggetti. Non lascia praticamente ombre. "Ciò che mi interessa", ha spiegato l'artista, "è quel che succede quando il colore e il contenuto del quadro raggiungono il massimo grado di somiglianza; il bianco, spesso e splendente, è steso sulla tela come fosse glassa". Thiebaud è uno Chardin californiano che ha avuto la sua fetta della torta dell'arte, e rivela la sua natura di artista pop soprattutto nella scelta dei soggetti. Come prova il suo *Cake Counter*, è anche un pittore esperto: un taglio ottico attraversa orizzontalmente l'intero quadro. Questo artificio compositivo conferisce notevole plasticità agli oggetti rappresentati, senza turbare per questo l'unità formale dell'opera.

Cake Counter, 1963
Olio su tela, 92 x 183 cm
Colonia, Museum Ludwig

Andy Warhol
129 *Die in Jet*, 1962

* 1931 a Pittsburgh, Pennsylvania, USA
† 1987 a New York, USA

Il *New York Mirror* urlava letteralmente questa frase nella sua prima pagina del 4 giugno 1962: 129 DIE IN JET! (STRAGE DEI CIELI: 129 MORTI!). Tra le due righe della scritta a caratteri cubitali compariva una foto due volte più grande. Un'ala semidistrutta si staglia davanti a un cielo senza nuvole, simile a un fatidico ammonimento. Davanti ai resti della carlinga, si vedono alcuni poliziotti o soccorritori, di profilo oppure di spalle. Poco dopo la catastrofe, Warhol proiettò il titolo su uno schermo di 254,5 x 182,5 cm con un proiettore per diapositive e dipinse a mano sulla foto. Il nome del giornale, il titolo, l'illustrazione e la firma costituiscono altrettanti motivi pittorici. L'artista inaugurò con questa tela la serie dedicata alla morte, che puntava i riflettori sul lato oscuro dell'*american way of life*, di cui era, d'altronde, uno degli apologeti. L'immensità dei caratteri, che si stagliano in lettere di fuoco, produce un'impressione forte e duratura. Nelle sue opere successive, Warhol ottiene un effetto simile attraverso la ripetizione infinita dello stesso motivo. Impossibile sottrarsi alla potenza suggestiva delle lettere e della stampa dipinta.

Il testo e l'immagine gelano il sangue, anche se i disastri aerei fanno, per così dire, parte della vita quotidiana. Formalmente, l'artista ha assimilato la riproduzione della foto alla pregnanza grafica delle lettere, riducendo l'immagine vera e propria a poche forme significanti. Così facendo, rinforza la tendenza all'astrazione che l'ingrandimento aveva già accennato. I ritocchi creativi sono sufficienti a stabilire una distanza tra l'opera da un lato e il modello e l'avvenimento che l'hanno ispirata dall'altro, liberando il dipinto da qualunque realismo fastidioso e assegnando al suo commento un valore esemplare. Allo stesso tempo, innalzano la combinazione testo-immagine a simbolo atemporale. Warhol conferisce una dimensione nuova alla realtà del sensazionale elevandolo fino alla verità dell'arte e lasciando allo spettatore il compito di immaginare i dettagli. L'idea di quest'opera venne da Henry Geldzahler, all'epoca curatore del Metropolitan Museum of Art di New York e strenuo – nonché quasi isolato – difensore della Pop Art. Warhol lo incontrò per caso in un bar di Manhattan. Geldzahler stava leggendo il *New York Mirror* e riuscì a convincerlo che il titolo avrebbe potuto essere un ottimo soggetto per un quadro. Warhol si è sempre dimostrato ricettivo nei confronti delle idee e degli stimoli esterni, che erano parte integrante dei suoi principi estetici. Non di rado era lui stesso a promuoverli e in questo senso l'attività della sua Factory non era frutto di un semplice calcolo commerciale, ma rifletteva la sua convinzione: l'artista contemporaneo è un catalizzatore di influenze eterogenee piuttosto che un creatore geniale.

129 Die in Jet, 1962
Acrilico su tela, 254,5 x 182,5 cm
Colonia, Museum Ludwig

Andy Warhol
Gold Marilyn Monroe, 1962

Probabilmente l'artefice del mito di Marilyn Monroe è proprio Andy Warhol. Di sicuro, il merito non va né a Hollywood né alla stampa popolare illustrata. Il cinema commerciale e i suoi strilloni pubblicitari hanno fatto di lei nient'altro che un sex symbol e il prototipo della bionda idiota. Per questo la star ha molto sofferto, come sappiamo grazie alla pubblicazione di svariate biografie, fittizie o autentiche. Da viva, il suo desiderio di essere presa sul serio e di essere riconosciuta come un essere pensante e sensibile era schernito da tutti, con rare eccezioni. L'industria cinematografica considerava la sua aspirazione a interpretare ruoli drammatici – diventata una star, seguirà con successo i corsi del celebre Actor's Studio di New York – come una violazione delle regole del gioco. Poco dopo la sua morte, avvenuta prematuramente nel 1962 e causata forse da un errore fatale, Warhol trasformò una foto mediocre, scattata dal fotografo americano Frank Powolny all'inizio degli anni '50, in un'icona della cultura popolare. Marilyn aveva appena tagliato i ponti con il proprio passato da pin-up per calendari e cartoline, in cui posava, per la gioia dei soldati americani, nei panni di una giovane operaia dell'industria delle armi. Grazie a John Huston (*Giungla d'asfalto*, 1950) e a Joseph L. Mankiewicz (*Eva contro Eva*, 1950), cominciava a farsi un nome recitando in alcuni ruoli secondari, ma ogni volta importanti, in film interessanti. Eppure, non voleva rinunciare completamente alla propria immagine di "bomba sexy". Oltre alle sue grazie sensuali, l'industria hollywoodiana si limitava a sfruttare il suo talento comico, rifiutandole fino alla fine il titolo di attrice drammatica. *Fermata d'autobus* (1956) di Joshua Logan e *Gli spostati* (1960), altro film di Huston, sono le uniche produzioni in cui l'attrice ebbe la possibilità di dimostrare il proprio talento drammatico. Diverse star dell'epoca godevano di una maggiore notorietà. Marilyn conobbe la vera gloria solamente dopo la morte, come se questa ne fosse la necessaria condizione. Warhol ha trattato a modo suo quell'innocuo ritratto fotografico, dal sorriso fisso e stereotipato: ne ha fatto un idolo, piazzandolo in un grande spazio che lo inquadra come un magnifico *passe-partout* e rivestendo tutta la superficie con una pellicola d'oro, l'oro della Gerusalemme celeste che crea un'aura di sacralità attorno alle icone. Le labbra arcuate, gli occhi, la pettinatura, il viso, hanno perso il proprio volume e qualsivoglia carattere reale, e si stagliano sullo sfondo del quadro, trovandosi sospesi davanti e sopra a quest'ultimo come stelle in un cielo dorato. Nelle versioni successive, Warhol dissacrò l'idolo attraverso una ripetizione costantemente rinnovata, o focalizzando la propria attenzione sulle labbra, e associò il mito della star al metodo di produzione tipico dei mass media, in varianti sempre inedite e in serie successive, come un prodotto industriale, una merce.

Gold Marilyn Monroe, 1962
Polimero, serigrafia e olio su tela,
211 x 145 cm
New York, The Museum of Modern
Art, donazione di Philip Johnson

Andy Warhol
Two Dollar Bills (Front and Rear), 1962

Il contenuto del quadro può essere così riassunto: 80 dollari. Non c'è niente, sulla tela, tranne la somma rappresentata da 40 banconote da due dollari. L'artista le ha riprodotte recto verso, quattro biglietti per riga su dieci livelli. Per decifrare il contenuto dell'opera, basta contare e sommare. Salvo una minima abilità nel calcolo, non sono richieste particolari capacità intellettuali: il processo di comprensione avviene in maniera chiara e razionale. Qualunque interpretazione erronea è esclusa in partenza. Impossibile anche che l'osservatore non conosca il motivo riprodotto nella serigrafia, onnipresente in America quanto Dio negli stati teocratici. Da questo punto di vista, sono le immagini del biglietto verde – ripetuto a volontà, quando si tratta dei quadri di Warhol – a reggere al meglio il confronto con le icone, anche se qui il Dio fattosi uomo lascia spazio alla manifestazione materiale del denaro. Un sistema magico anche questo, basato a sua volta sulla fede. La banconota del dollaro incarna, nel vero senso della parola, ciò che rappresenta: il denaro. Non c'è differenza di principio tra il modello e la copia, tra la "falsa" banconota che la serigrafia riproduce su tela e quella vera. Entrambe rappresentano un sistema astratto, un valore mercantile che supera largamente quello materiale. L'unica differenza sta nel fatto che il valore mercantile delle opere di Warhol che hanno per soggetto il dollaro è molto più elevato di quello del dollaro in sé. Per questo è sufficiente un processo di scambio. Nessuno prima di lui, in ambito artistico, aveva ridicolizzato allo stesso modo la presunta incompatibilità tra i valori spirituali e materiali, mettendo allo stesso tempo a nudo l'intrecciarsi dei meccanismi economici e culturali nel circuito dell'arte e considerando questa commistione come costitutiva della sostanza di una creazione contemporanea. Il valore di un'opera d'arte non si misura quindi unicamente, come vuole la leggenda, sulla bilancia della sua qualità artistica, in qualsiasi accezione venga considerato il termine, ma contano anche il suo prezzo e, non dimentichiamolo, il prestigio dell'autore. La circolazione all'interno del mercato dell'arte è una componente del valore artistico (e non estetico). Ogni vendita di un quadro di Warhol dedicato alla rappresentazione del dollaro infonde nuova vita al suo contenuto.

Two Dollar Bills (*Front and Rear*), 1962
Serigrafia su tela, 210 x 96 cm
Colonia, Museum Ludwig

Andy Warhol
Campbell's Soup Can I, 1968

In occasione della prima esposizione dei suoi quadri di lattine di zuppa della marca Campbell, nei mesi di giugno e luglio 1962 – ne aveva 32 in tutto – Warhol presentò le "merci" bene allineate e distanziate, come si faceva all'epoca nei supermercati, applicando le più recenti conoscenze di "product placement", in altre parole seguendo il punto di vista estetico della vendita. Il luogo di esposizione, tuttavia, non era un banale negozio di Los Angeles, ma la Ferus Gallery, che si era schierata a favore della Pop Art. Le opere costavano cento dollari l'una, il modello del motivo soltanto 29 centesimi. I dipinti erano un misto di pittura, serigrafia e procedimento al tampone: prodotti meccanici e realizzati a mano allo stesso tempo. Anche se a prima vista niente differenziava queste immagini tutte di dimensioni 50,8 x 40,6 cm, le lattine si differenziavano per un dettaglio decisivo: ogni scatoletta proponeva un gusto diverso, una nota individuale nell'uniformità. L'esposizione era una provocazione studiata alla perfezione. Non soltanto a causa del soggetto banale e della rappresentazione stereotipata, ma anche per il parallelismo instaurato tra la galleria d'arte e il supermercato, tra il mercato dell'arte e il commercio di prodotti alimentari. Per Warhol, che aveva fatto studi di sociologia, il contesto sociale in cui un'opera d'arte si sviluppa era importante quanto l'oggetto in sé, tanto più che questo aveva sempre, nei suoi quadri, una valenza sociale. La vita della classe media americana, di cui Warhol era rappresentante, era profondamente legata alle zuppe Campbell, alla Coca-Cola, ai cornflakes Kellogg's e al detersivo Brillo, prodotti industriali della civiltà americana a cui l'artista ha conferito una dignità artistica pari al sesso e alla morte. *Campbell's Soup Can*, una versione individuale e ingrandita della scatoletta di zuppa al pomodoro, che realizzò altre volte, potrebbe dare l'impressione che l'artista fosse interessato unicamente a un'apologia dell'idioma della cultura popolare, ma ai suoi occhi l'impatto sociale non era meno importante. "Ciò che rende straordinaria l'America", ha affermato, "è che è il primo paese ad aver fatto sì che i consumatori più ricchi comprino le stesse cose dei più poveri. Guardi la televisione bevendo una Coca-Cola e sai che anche il presidente beve la Coca, che la beve anche Liz Taylor, e pensi: 'anch'io bevo la Coca'. La Coca-Cola è la Coca-Cola, e nessuna ricchezza al mondo può darti una Coca-Cola di qualità superiore". Il suo scopo era realizzare qualcosa di simile nel campo dell'arte. Grazie a Warhol e ai suoi metodi di fabbricazione standardizzati, l'arte ha raggiunto la magia dell'uniformità. Grazie a lui, la via aperta dalla fotografia, che si era già fatta notare sulla scena artistica come "grande livellatrice" (Jonathan Crary), stava per essere percorsa anche dall'arte.

Campbell's Soup Can I, 1968
Acrilico e liquitex, serigrafia
su tela, 92 x 61 cm
Aquisgrana, Ludwig Forum
für Internationale Kunst

Tom Wesselmann
Still Life No. 20, 1962

* 1931 a Cincinnati, Ohio, USA
† 2004 a New York, USA

Il Mondrian è una copia. Le bottiglie, il pane a cassetta, le banane, la mela, il bicchiere di Coca-Cola e il tavolo, sul quale si trovano tutti questi oggetti, allargano il campo dell'illusione alla sfera dell'arte. In compenso l'armadietto e il suo contenuto, la lampada al neon e il rubinetto accompagnato dal sapone e dal portasapone sono assolutamente reali. Wesselmann ha fabbricato un ibrido di cucina e stanza da bagno utilizzando vernice, carta, legno e gli articoli di consumo menzionati. In questo assemblaggio si sovrappongono tre livelli di realtà: il reale vero e proprio, la fotografia e la pittura, ma ciò che sembra fotografato si rivela dipinto, ciò che pare dipinto è in realtà una stampa a colori e il reale non è altro che un elemento di un'opera d'arte, almeno secondo la definizione dell'arte moderna. I riflettori artistici puntano un oggetto dal primo momento in cui è esposto in un museo e lo illuminano come opera d'arte. D'altro canto, "proiettata" sotto la luce della realtà, un'opera d'arte appare sotto forma di copia incorniciata del quadro di Piet Mondrian, come un elemento di decorazione interna: il suo interesse artistico è insignificante e la dimensione intellettuale è persa. Gli alimenti, riproduzioni fedeli degli originali, hanno l'aspetto di allucinazioni e gli altri oggetti fanno l'effetto di decorazioni inutili, come la copia del Mondrian. La Pop Art non è mai stata lineare come hanno preteso certi critici. Spesso, il contesto in cui le creazioni artistiche si affermano in quanto tali è un tema importante nella produzione della maggioranza degli artisti. Le condizioni nelle quali un quadro si manifesta influiscono sulla sua destinazione. Le tensioni tra i diversi livelli di realtà si riflettono in analoghe tensioni formali dell'assemblaggio di Wesselmann: tensioni tra pittura illusionista e realtà, superficie e spazio, arte e ambiente. Wesselmann si concentrò, dopo la serie dei Nudi, su un altro genere, la natura morta, cui dedicò una ricca serie di lavori. Il tema centrale di questi dipinti non è più l'immagine della donna in quanto oggetto, ma il suo universo domestico, composto dalle cucine e dai bagni della classe media che popola le periferie. Le connotazioni sessuali si fanno più discrete, senza per questo scomparire del tutto, come dimostra la presenza apparentemente casuale di banane e di mele rotonde – nell'opera di Wesselmann, la frutta simboleggia in generale la mascolinità e la femminilità, il fallo e il seno. È anche il caso di *Still Life No. 20*. Così, le ossessioni sessuali filtrano come acqua attraverso la facciata rispettabile della società puritana americana.

Still Life No. 20, 1962
Tecnica mista, 104 x 122 x 14 cm
Buffalo, Albright-Knox Art Gallery,
donazione di Seymour H. Knox jr

Tom Wesselmann
Bathtub No. 3, 1963

Una pubblicità di vasche da bagno per single non potrebbe essere più efficace. Detto questo, se c'è pubblicità nel quadro, è tutta rivolta all'arte del pittore. L'opera è singolare, una combinazione di elementi dipinti e di oggetti reali (una porta, un asciugamano, un tappetino da bagno, un cestino per la biancheria sporca e una tenda da doccia). Nell'arte moderna simili montaggi avevano lo scopo di distruggere qualunque forma di illusionismo. Era così per il Cubismo. Al contrario, qui il principio estetico ha la funzione di accrescere l'illusione. Ciò che fa la differenza tra la pittura e il reale scompare nella realtà della riproduzione fotografica. Solo la sagoma piatta della donna nuda, che si asciuga la schiena con un asciugamano a righe bianche e rosse, rivela il carattere artificiale della composizione. La sua nudità è una costruzione che emana da un atto di immaginazione dello spettatore, poiché l'artista la insinua solamente attraverso la fine rappresentazione del pube e dei capezzoli. Wesselmann si abbandona a un gioco a doppio senso e condotto su più livelli, nel quale incorpora i prodotti del mondo reale. Anche la sagoma femminile non ha nulla di una sagoma tradizionale. È bianca, non nera, e senza zone in ombra. Ciò che dovrebbe essere una sagoma è in realtà uno stampino dotato di evidenti attrattive sessuali: capelli biondi, capezzoli e pube. Per così dire, i punti nevralgici che l'immaginazione (maschile) è abituata a completare plasticamente. Attraverso l'ambientazione, l'artista ha fissato il campo dell'immaginazione, circoscrivendo le visioni sessuali a un'igiene clinica. Il quadro non presenta nulla che la pubblicità vieterebbe. Wesselmann si rivela ancora una volta un abile rappresentante del mondo erotico di Henri Matisse, nel clima commerciale della cultura popolare sessualizzata americana. Eliminando i lati oscuri della sessualità che vibrano in alcuni quadri di Matisse, supera il proprio modello attraverso l'artificialità. Paradossalmente, i frammenti del mondo reale supportano il suo metodo di azione. Il reale ricade così nella sfera dell'artificiale.

Bathtub No. 3, 1963
Olio su tela, plastica e oggetti vari,
213 x 270 x 45 cm
Colonia, Museum Ludwig

Tom Wesselmann
Great American Nude No. 98, 1967

In un'intervista con Rui Nogueira, il grande cineasta francese Jean-Pierre Melville prendeva in giro gli americani affermando che il loro ideale femminile è "una donna con due natiche al posto dei seni". Il pittore Tom Wesselmann si è spesso posto come interprete dell'ossessione dei suoi concittadini per i seni di grandi dimensioni e la esprime ancora una volta in questo quadro ottenuto dalla sovrapposizione di cinque tele. Per raggiungere lo scopo, mette in gioco diversi elementi suggestivi: una lunga capigliatura bionda, una bocca dalle labbra rosso vivo che si aprono su due file di denti bianchi e una lingua rosa, un'arancia dal colore brillante punteggiata da un tocco di luce e una sigaretta accesa sistemata proprio davanti a un capezzolo turgido. Una scatola di fazzoletti blu, un portacenere nero e un cuscino a mezzaluna completano la scena. Le allusioni sessuali sono esplicitate da una composizione molto ravvicinata, dipinta su tre piani, e vengono messe in scena in modo diretto e provocante. L'assenza di soggettività che emana dal volto, e che fa da pendant visivo all'applicazione liscia e regolare del colore sprovvista di qualunque traccia di scrittura personale, svela immediatamente la fonte di ispirazione: la pubblicità. Nonostante debba il suo impatto brutale al vocabolario pubblicitario, Wesselmann ne modifica radicalmente la strategia attraverso un'accumulo delle forme. Invece di attirare l'attenzione sulle abituali gratificazioni del consumo facendo riferimento al sesso, esalta l'elemento in se stesso e trasforma con un colpo di mano i beni di consumo rappresentati in potenti simboli sessuali. I colori di un'incredibile finezza conferiscono all'opera un grande potere di seduzione e nobilitano cliché altrimenti triviali: si crea così un campo di tensione perturbante, una frattura appena oltre la soglia della percezione, calcolata con estrema attenzione dall'artista. Prima di trovare una forma espressiva tanto personale, Wesselmann aveva tentato la via della pittura espressionista alla de Kooning, del collage basato su astrazione e mass media e di una ritrattistica piuttosto convenzionale di paesaggi e di oggetti. La sua esperienza nell'ambito del collage – inizialmente utilizzò le fonti senza modificarle, contrariamente alla maggioranza degli altri artisti – si riflette direttamente nella struttura originale delle sue opere pop.

Great American Nude No. 98, 1967
Olio su tela, 250 x 380 x 130 cm
Colonia, Museum Ludwig

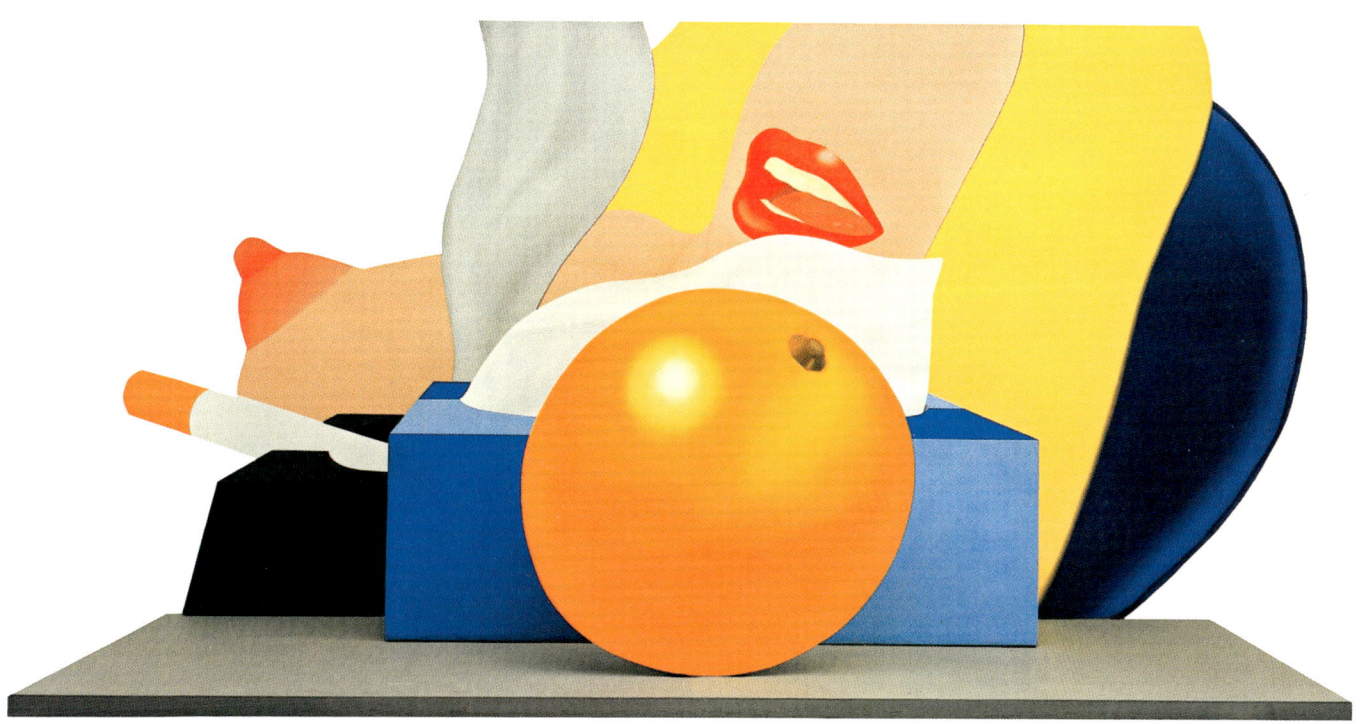

Copyright e crediti fotografici

La casa editrice ringrazia gli archivi, i musei, le collezioni private, le gallerie e i fotografi per il sostegno accordato al progetto e per avere cortesemente messo a disposizione le riproduzioni. Salvo indicazione contraria, questi provengono dagli archivi della casa editrice. Oltre alle istituzioni e alle collezioni indicate nelle didascalie, desideriamo menzionare:

© per le opere di Allan D'Arcangelo, Peter Blake, Patrick Caulfield, Stuart Davis, Jim Dine, Red Grooms, Jasper Johns, Mel Ramos, Larry Rivers: VG Bild-Kunst, Bonn 2025
© per le opere di Richard Hamilton: R. Hamilton. All rights reserved / VG Bild-Kunst, Bonn 2025
© per l'opera di Robert Indiana: Morgan Art Foundation / ARS, New York / VG Bild-Kunst, Bonn 2025
© per le opere di Roy Lichtenstein: Estate of Roy Lichtenstein / VG Bild-Kunst, Bonn 2025
© per l'opera di Sigmar Polke: The Estate of Sigmar Polke, Colonia / VG Bild-Kunst, Bonn 2025
© per le opere di Robert Rauschenberg: Robert Rauschenberg Foundation / VG Bild-Kunst, Bonn 2025
© per le opere di James Rosenquist: James Rosenquist Foundation / Used by permission. All rights reserved / VG Bild-Kunst, Bonn 2025
© per le opere di George Segal: The George and Helen Segal Foundation / VG Bild-Kunst, Bonn 2025
© per l'opera di Wayne Thiebaud: Wayne Thiebaud Foundation / VG Bild-Kunst, Bonn 2025

© per le opere di Andy Warhol: Andy Warhol Foundation for the Visual Arts / ARS, New York: p. 12, 15, 83, 85, 87, 89
© per le opere di Tom Wesselmann: The Estate of Tom Wesselmann / VG Bild-Kunst, Bonn 2025

© Archiv für Kunst und Geschichte, Berlino: p. 7, 15
ARTOTHEK: p. 58, 74/75
© David Hockney: p. 43
Foto Marlborough Gallery, New York, © Red Grooms: p. 36
Leo Castelli Gallery records, Archives of American Art, Smithsonian Institution © Peter Namuth: p. 23, retro di copertina
Museum für Moderne Kunst, Francoforte: p. 14; Foto Axel Schneider: p. 54/55
© Claes Oldenburg / Coosje van Bruggen: p. 14, 57, 58, 59, 61
© Mel Ramos: p. 67
© Rheinisches Bildarchiv, Colonia: p. 45, 77
© Foto SCALA, Firenze / The Museum of Modern Art, New York 2015: p. 4, 6, 19, 26/27, 33, 47, 57, 73, 85
© Tate, Londra 2015: p. 43

Note

1 Lawrence Alloway: "Die Entdeckung von Pop Art in England", in Lucy R. Lippard: *Pop Art*, Monaco 1968, p. 27.
2 Ibidem.
3 Lucy R. Lippard: *Pop Art*, op. cit., p. 9
4 Peter Selz, op. cit., in Anna Umland: "Pop Art and the Museum of Modern Art: An Outgoing Affair", in *Pop Art – Selections from The Museum of Modern Art*, catalogo dell'esposizione del Museum of Modern Art in collaborazione con lo High Museum, a cura di Harriet Schoenholz Bee, New York 1998, p. 13.
5 Clement Greenberg: "Avantgarde und Kitsch" (1939), in Clement Greenberg: *Die Essenz der Moderne. Ausgewählte Essays und Kritiken*, a cura di Karlheinz Lüdekind, traduzione dall'inglese di Christoph Hollender, Amsterdam/Dresda 1997, pp. 29-55.
6 Henry Geldzahler: "Hockney: Young and Older", in David Hockney: *A Retrospective*, catalogo dell'esposizione al Los Angeles County Museum of Art, al Metropolitan Museum of Art e alla Tate Gallery, organizzata da Maurice Tuchman e Stephanie Barron, Los Angeles 1988, p. 19.
7 René König: *Soziologische Orientierungen, Vorträge und Aufsätze*, Colonia/Berlino, p. 544.
8 Erwin Panofsky: *Stil und Medium im Film & Die Ideologischen Vorläufer des Rolls-Royce-Kühlers*, corredato da testi di Irving Lavin e William S. Heckscher, tradotto dall'inglese da Reiner Grundmann e Helmut Färber, Francoforte 1999, p. 52. Il saggio è apparso per la prima volta nel 1936.

L'autore

Klaus Honnef è stato professore onorario di teoria della fotografia all'accademia d'arte di Kassel. È stato tra gli organizzatori di documenta 5 e documenta 6 a Kassel, e curatore di oltre 500 mostre in Germania e all'estero. Ha scritto numerosi libri, tra cui *Contemporary Art*, *Andy Warhol* e *Pop Art* per TASCHEN.

Colophon

OGNI LIBRO TASCHEN PIANTA UN SEME!
Ogni anno compensiamo le nostre emissioni di CO_2 con crediti dell'Instituto Terra, un progetto di riforestazione fondato da Lélia e Sebastião Salgado nel Minas Gerais, in Brasile. Per scoprire di più su questa partnership ecologica, si prega di visitare la pagina: www.taschen.com/institutoterra.
Ispirazione: illimitata.
Carbon footprint: (quasi) zero.

Vuoi saperne di più? Visita il sito taschen.com per consultare le nostre pubblicazioni attuali, sfogliare la nostra rivista e iscriverti alla nostra newsletter.

© 2025 TASCHEN GmbH
Hohenzollernring 53, D-50672 Köln
www.taschen.com

Edizione orginale: © 2004 TASCHEN GmbH

COPERTINA
Tom Wesselmann
Smoker 1 (Mouth, 12) (detail), 1967
Olio su tela, in due parti, 277 x 216 cm
New York, Museum of Modern Art, Susan Morse Hilles Fund

RETRO DI COPERTINA
Hans Namuth
Leo Castelli e i suoi artisti,
The Odeon, 1982

DA SINISTRA A DESTRA, IN PIEDI:
Dan Flavin, Joseph Kosuth, Richard Serra, Lawrence Weiner, Nassos Daphnis, Jasper Johns, Claes Oldenburg, Salvatore Scarpitta, Richard Artschwager, Mia Westerlund Roosen, Cletus Johnson;
SEDUTI:
Andy Warhol, Robert Rauschenberg, Leo Castelli, Ed Ruscha, James Rosenquist, Robert Barry

PAGINA 1
Roy Lichtenstein
Art, 1962
Olio su tela, 91 x 173 cm
Minneapolis Institute of Art, in prestito da George T. Shea e Gordon Locksley

PAGINA 2
Andy Warhol
Single Elvis, 1963
Serigrafia su tela, 210 x 105 cm
Budapest, Galleria Nazionale Ungherese

PAGINA 4
James Rosenquist
Marilyn Monroe I, 1962
Olio e smalto su tela, 236 x 183 cm
New York, The Museum of Modern Art, Collezione Sidney e Harriet Janis

Printed in Slovakia
ISBN 978-3-8365-0608-3